中国古代建筑知识普及与传承系列丛书

中国古典园林五书

中国皇家园林

贾珺 著

清华大学出版社

北京

图书在版编目（CIP）数据

中国皇家园林 / 贾珺著. --北京：清华大学出版社，2013（2020.11重印）
（中国古代建筑知识普及与传承系列丛书·中国古典园林五书）
ISBN 978-7-302-32789-9

Ⅰ．①中… Ⅱ．①贾… Ⅲ．①古典园林—介绍—中国 Ⅳ．①K928.73

中国版本图书馆CIP数据核字（2013）第136230号

责任编辑：白　丹
装帧设计：北京博筑堂　胡柳　栾雪　孙璐
责任校对：王荣静
责任印制：杨　艳

出版发行：清华大学出版社
　　　　　网　　址：http://www.tup.com.cn，http://www.wqbook.com
　　　　　地　　址：北京清华大学学研大厦A座　　　邮　编：100084
　　　　　社总机：010-62770175　　　　　　　　邮　购：010-62786544
　　　　　投稿与读者服务：010-62776969，c-service@tup.tsinghua.edu.cn
　　　　　质量反馈：010-62772015，zhiliang@tup.tsinghua.edu.cn
印装者：小森印刷（北京）有限公司
经　销：全国新华书店
开　本：170mm×230mm　　印　张：23.75　　字　数：324千字
版　次：2013年7月第1版　　印　次：2020年11月第6次印刷
定　价：89.00元

产品编号：053560-03

献给关注中国古代建筑文化的人们

策　划：华润雪花啤酒（中国）有限公司

统　筹：清华大学建筑学院

主　持：王　群　朱文一

执　行：王贵祥　曾申平

资　助：清华大学建筑学院

华润雪花啤酒（中国）有限公司

参赞：张远堂　陈迟　连博　张巍

刘旭　阎东　李念　韩晓菲

廖慧农　袁增梅　张弦

总序一

2008年年初，我们总算和清华大学完成了谈判，召开了一个小小的新闻发布会。面对一脸茫然的记者和不着边际的提问，我心里想，和清华大学的这项合作，真是很有必要。

在"大国"、"崛起"甚嚣尘上的背后，中国人不乏智慧、不乏决心、不乏激情，甚至不乏财力。但关键的是，我们缺少一点"独立性"，不论是我们的"产品"，还是我们的"思想"。没有"独立性"，就不会有"独特性"；没有"独特性"，连"识别"都无法建立。

我们最独特的东西，就是自己的文化了。学术界有一句话："建筑是一个民族文化的结晶。"梁思成先生说得稍客气一些："雄峙已数百年的古建筑，充沛艺术趣味的街市，为一民族文化之显著表现者。"当然我是在"断章取义"，把逗号改成了句号。这句话的结尾是："亦常在'改善'的旗帜之下完全牺牲。"

我们的初衷，是想为中国古建筑知识的普及做一点事情。通过专家给大众写书的方式，使中国古建筑知识得以普及和传承。当我们开始行动时，由我们自己的无知产生了两个惊奇：一是在这片天地里，有这么多的前辈和新秀在努力并富有成果地工作着；二是这个领域的研究经费是如此的窘迫，令我们瞠目结舌。

希望"中国古代建筑知识普及与传承系列丛书"的出版，能为中国古建筑知识的普及贡献一点力量；能让从事中国古建筑研究的前辈、新秀们的研究成果得到更多的宣扬；能为读者了解和认识中国古建筑提供一点工具；能为我们的"独立性"添砖加瓦。

王群

华润雪花啤酒（中国）有限公司　总经理
2009年1月1日于北京

总序二

2008年的一天，王贵祥教授告知有一项大合作正在谈判之中。华润雪花啤酒（中国）有限公司准备资助清华大学开展中国建筑研究与普及。资助总经费达1000万元之巨！这对于像中国传统建筑研究这样的纯理论领域而言，无异于天文数字。身为院长的我不敢怠慢，随即跟着王教授奔赴雪花总部，在公司的大会议室见到了王群总经理。他留给我的印象是慈眉善目，始终面带微笑。

从知道这项合作那天起，我就一直在琢磨一个问题：中国传统建筑还能与源自西方的啤酒产生关联？王总的微笑似乎给出了答案：建筑与啤酒之间似乎并无关联，但在雪花与清华联手之后，情况将会发生改变，中国传统建筑研究领域将会带有雪花啤酒深深的印记。

其后不久，签约仪式在清华大学隆重举行，我有机会再次见到王总。有一个场景令我记忆至今，王总在象征合作的揭幕牌上按下印章后，发现印上的墨色较浅，当即遗憾地一声叹息。我刹那间感悟到王总的性格。这是一位做事一丝不苟、追求完美的人。

对自己有严格要求的人，代表的是一个锐意进取的企业。这样一个企业，必然对合作者有同样严格的要求。而他的合作者也是这样的一个集体。清华大学建筑学院建筑历史研究所，这个不大的集体，其背后的积累却可以一直追溯到80年前，在爱国志士朱启钤先生资助下创办的"中国营造学社"。60年前，梁思成先生把这份事业带到清华，第一次系统地写出了中国人自己的建筑史。而今天，在王贵祥教授和他的年长或年轻的同事们，以及整个建筑史界的同仁们的辛勤耕耘下，中国传统建筑研究领域硕果累累。又一股强大的力量！强强联合一定能出精品！

王群总经理与王贵祥教授，企业家与建筑家十指紧扣，成就了一次企业与文化的成功联姻，一次企业与教育的无间合作。今天这次联手，一定能开创中国传统建筑研究与普及的新局面！

朱文一

清华大学建筑学院　院长
2009年1月22日凌晨于清华园

总序三

清华大学建筑学院与华润雪花啤酒（中国）有限公司在中国古代建筑传承与弘扬方面的合作，已经进行了五个年头。这五年来，一方面是华润雪花啤酒（中国）有限公司的大力支持与弘传；另一方面，是中国建筑史学人们于百忙之中的辛苦耕耘。五年中，先后出版了北京古建筑五书、中国民居五书、中国古代建筑装饰五书与中国古都五书，以及即将付梓的中国古典园林五书。

在中国古典园林五书即将付梓之际，作为作者之一的贾珺先生嘱我为此作一序，于是匆匆忙忙间浏览了一下各位先生的大作，大略了解了五书的概貌。虽是浏览，却也从中看出整套书在写作上的良苦用心。在一套并不很大的书系中，不仅要将上下五千年中国园林发展的历史梗概介绍给读者，还要覆盖不同历史时期的各种园林类型，诸如皇家苑囿、私家园林，其中也包括文人园、官宦园、商贾园，等等。同时，由于中国是一个地域广大的国家，各地的地理、气候、民俗、文化千变万化，除了经典的园林描述之外，对于不同地区各具特色的园林加以细致深入的分析，更是本书的特点之一。

此外，在这样一套书中，不仅要写出园林的时代特征、地域特征、艺术特征，还要深入浅出地论及组成园林的各种要素，包括建筑、叠山、林木、花草、湖池。所谓四季阴晴、晨昏暮霭，都会对造园的艺术意境与文化趣尚产生影响。要将这么多繁杂细腻的事物，抽丝剥茧地一一厘清，以一种浅显易懂的语言，呈现在读者面前，实在不是一件容易的事情。

这又使我联想到了前面已经出版的几套中国古建筑五书系列的成书过程。细想起来，为普通读者，为那些对中国文化、特别是中国古代建筑与园林充满热爱与好奇的普通人，撰写这种既通俗易懂，又极富知识内涵的书籍，其实比起那些严肃的学术论文写作似乎还要困难一些。因为，学术论文是个人研究的成果，且多是为学界同行间的阅读与观点交流而写作的，是面对小众的文字。因此，写起来就无所顾忌，只要按照一个严谨密实的逻辑，循着一条，或若干条文献的，或实证的线索，循序渐进地铺展开来，将一件十分复杂的事情，叙说清楚就可以了。写作的时候，关注点是观点的创新、资料的翔实、论据的充分与逻辑的清晰。其余的事情就不用过多地加以考虑了。

这种通俗性、大众性的书籍就大不一样了。当然，这里说的绝非是那种"天下文章一大抄"的"通俗读物"。这是一种经过缜密思考，将一件原本复杂、繁琐、深沉的学术事件，通过一种看起来简单易明的逻辑语言，或通俗易懂的叙述方式，平白无误地告诉读者。这就对写作者提出了更高的要求：一是需要作者对相关领域有相当全面与深入的了解，唯有全面，才不致偏颇；唯有深入，才可能浅出。二是对作者的文字表述功力有较高的要求。为小众写作的人，文字可以晦涩，言语可以迂回，其要是将深邃的学术观点加以最终的清晰展示，不在乎字斟句酌的平白功夫。为大众写作的人，就不能够这样放浪不羁了。严谨科学的通俗读物，文字要浅显，逻辑要清晰，语言要平实。同时，观点一定要确切，资料一定要真实，论述线索一定要简单明了，来不得半点含混不清，或繁缛啰唆的东西，否则就会有误人子弟之嫌。

从这样一个角度，或这样一种标准来观察，我们面前的这几本中国园林著作，还是满足了这些要求的。首先，这是每位作者多年阅读与研究基础上的积累，其中并无虚华不实的笔下生花；其次，其覆盖的范围，与书名的表述内外一致，基本覆盖了一个地区的园林历史概貌与风格特征。最后，其文字表述平白易懂，逻辑线条简明清晰，使人不唯易读易懂，且因其环环相扣的知识链，反而更容易引人入胜，达到吸引读者沉浸其中的效果。而这也正是科普性、通俗性读物所特别希望达到的效果。

当然，一本书的成功与否是由读者说了算的。我们希望读者喜欢这几本书，也期待读者的反馈意见。抑或读者能够为华润雪花啤酒（中国）有限公司与我们清华大学建筑学院共同推进的这个中国古代建筑知识普及与传承系列丛书项目，提出更多更好的建议，从而将这一具有中国传统文化普及与传承性质的合作项目推向深入，这更是我们的希冀所在。

王贵祥

于清华大学建筑馆505室

前　言

　　中华文明号称"上下五千年"，除了传说中的三皇五帝之外，自夏朝以降的4000年中，历经了几十个王朝的君主统治，如果加上一些割据政权和少数民族建立的王国，那么称王称帝者的数量就更为可观。这些大大小小的帝王除了拥有辉煌壮丽的宫室台殿之外，往往还热衷于修筑美轮美奂的苑囿园林。我们把这类最高统治者享有的园林统称为"皇家园林"。*

　　皇家园林又称苑、囿、宫苑或御苑，是中国园林史上最重要的园林类型之一，也是一种特殊形式的宫殿建筑群，很多时候也直接以"宫"为名。在中国漫长的历史中，帝王的地位至尊无上，处于整个社会结构的最顶峰，在政治上拥有无限的特权，在经济上拥有无穷的财富，有条件尽最大的人力和物力来营建皇家园林，征集全国各地的能工巧匠和各种奇花、异兽、怪石、珍玩，占据最优越的地段，构堂筑台，堆山叠石，开湖挖河，栽花种树，达到同时代造园艺术的最高水准。每一朝代皇家园林数量之多寡、规模之广狭在很大程度上反映了这个朝代的强盛程度——秦汉、隋唐和清代被公认为中国历史上的三大盛世，同时也是皇家造园之风最盛的三个时期。

　　根据具体的位置和使用方式，历代皇家园林可分为大内御苑、离宫御苑和行宫御苑三种主要的类别。大内御苑均建于都城皇宫内，或紧邻皇宫，与宫廷连为一体；离宫御苑一般位于城郊，相对独立，帝王长期在此居住并处理朝政，具有皇宫之外的第二生活中心和政治中心的职能；行宫

---

* 严格来说，"皇帝"的称号由秦始皇开创，真正意义上的"皇家"也始于秦朝，而且特指一些主要朝代的帝王之家。但本书为了便于表述，以"皇家园林"来指代历代帝王园林，其中也包括秦代之前的帝王园林以及分裂时期的一些割据政权君主和少数民族王国君主的园林。

御苑的数量最多，散布在都城附近以及帝王外出巡游的路线上，供其临时驻跸或游赏之用。

　　每一时期的皇家园林不但是园林艺术的集大成者，而且是宫廷文化的主要载体和许多重要历史事件的发生地。秦始皇在渭水岸边仿建六国宫苑，其中收纳掠夺而来的各国财宝和美女；汉武帝在上林苑训练骑兵，并以昆明池为水战演习之所；魏明帝亲自率领百官掘土运石，大建洛阳芳林园；唐玄宗和杨贵妃在兴庆宫御花园沉香亭畔召见大诗人李白，留下了千古传颂的三首《清平调》；宋徽宗耗费大量的民脂民膏，以"花石纲"运送珍异的花木石峰，聚为艮岳，不料数年后即成废墟；清代皇帝的政治活动和日常生活与皇家园林的联系更为紧密，入关后的十位天子居然有六位在不同的御苑中驾崩，而英法联军火烧圆明园更是中国近代史上的标志性事件。

　　相对于私家园林而言，皇家园林的规模更大，建筑类型更庞杂，山水形态更加接近真山实水，花木品种更多样，文化内涵更丰富，功能更复杂，可满足帝王及皇室成员朝仪、理政、起居、游赏、观农、宴乐、狩猎、祭祀、求仙等种种需求，还经常仿建其他地区的山水名园，堪称"天上人间诸景备"，散发着迷人的魅力。历代皇家园林既有自身的鲜明特色，也有很强的继承性，一些经典的造园主题，例如"一池三山"式的仙境模拟、表现重农思想的田圃景观、再现民间集市风貌的买卖街、象征兰亭雅集的曲水流觞、表现濠濮之乐的观鱼场所等，在不同时期的皇家园林中经常以不同的形式进行再现，成为一脉相承的传统模式。

　　中国历代王朝大多在北方地区建都，这一实际情况导致北方的皇家园林远比南方兴盛，尤其长安、洛阳、开封和北京四大古都及其周边的京畿地区是皇家园林最兴盛的地方；南方地区的皇家园林主要以六朝时期的建康（今江苏南京）和南宋时期的临安（今浙江杭州）为代表，相对居于次要地位。由于战乱和其他各种天灾人祸的破坏，历史上盛极一时的许多皇家园林均已被毁，只有少数还有遗址可寻，大多数连踪迹都难以寻觅，现存的皇家园林大部分为清代所建，主要分布在北京和承德地区，虽不能完全代表中国几千年御苑建设的辉煌成就，但也足以令全世界为之赞叹折服。

本书内容分为四个部分，第一章借助历史文献和图片资料描述中国皇家园林的历史源流，第二章介绍以现存实例为主的经典御苑，第三章和第四章分别探析皇家园林的造园手法和文化主题，努力以有限的篇幅为广大读者呈现出中国皇家园林真实而生动的面貌。

目　录

第一章

中国皇家园林发展历史

中国古典园林是世界上主要的几大园林体系之一，依托广袤的国土、秀美的山川、丰富的植物种类、复杂的气候条件和繁荣的经济、成熟的政治制度、博大精深的文化形态，在几千年的历史长河中创造出无数巧夺天工的精美园林。在中国园林漫长的发展过程中，皇家园林始终是一条最重要的主线，前后延绵，蔚为壮观。

第一节　商周

传说黄帝曾经在昆仑山修建悬圃，其景象有些类似西亚两河流域巴比伦王国的空中花园，但实际情况早已无从稽考。从确切的文献记载和考古发掘成果来看，中国最早的园林是殷商时期帝王、诸侯和上层贵族所建的囿和台。这些囿、台正是皇家园林的前奏和雏形。

上古时期的君主普遍喜好狩猎。狩猎既是一项娱乐活动，又可获得大量的猎物以供应宫廷生活所需，可能还有兼做军事训练的意思。随着生产力水平的进步，越来越多的狩猎活动不在荒野山林举行，而是移到专门设立的囿中开展。所谓"囿"就是用藩篱围合起来的一大片地域，有专门的官员负责管理，其中除了自然的山川和植被之外，还会以人工开凿一些沟渠河池，种植更多的花木蔬菜，并放养很多野生禽兽，不但可以满足狩猎的需求，而且还具有一定的生产功能，其性质类似今天的大型自然公园，呈现出原生态的景观面貌，可以在狩猎的同时组织游乐活动。

"台"是一种以土堆筑的高大建筑物，一般采用方形平面，上面的木结构房屋称作"榭"。台大多建得很高，其造型象征着巍峨而神秘的山岳。古人登台，感觉与天更为接近，可以在台上观察天象或举行通神、求仙的仪式。后来台逐渐与囿结合在一起，成为早期园林中最重要的建筑类型。

商王朝曾经多次迁都，最后一次由盘庚定都于殷（今河南安阳）。末代商王纣王是著名的暴君，穷奢极欲，不顾人们死活，大兴土木，在安阳南边的朝歌和北面的沙丘之间的庞大地域中修建了很多的宫殿和囿、台。其中朝歌城中构筑了极为高大的鹿台，沙丘有广阔的苑台，其中不但圈置了很多的野兽蛮鸟，还设有"酒池肉林"，男女宫人裸身其间，纵情畅饮，通宵达旦，仿佛现代的超级游乐园。这些囿、台的建设极大地损耗了民力，成为商王朝最终覆灭的主要原因之一。

大约与商纣王同时代的周文王在周王国都城丰京的城郊建造了灵囿。灵囿也是一片庞大的苑囿，其中有很多野生动物和各种花草树木，核心建筑是高仅二丈的灵台，有象征昆仑山的意思，文王曾经在台上举行祭祖、祭神的典礼，同时伴有乐舞表演。灵台周围开辟了一圈水池，名叫"灵沼"，池中游鱼跳跃。周文王是贤君的典范，与荒淫的纣王形成鲜明的对比，灵台的尺度比鹿台要小得多，据说在建台的时候，周王国的百姓好像文王的儿子那样纷纷赶来义务劳动，于是很快就建好了。周文王还允许百姓进入灵囿割草、打猎，确实具有慈父的风范。

文王的儿子周武王伐纣成功，建立西周王朝，定都于镐京（今陕西西安），并大封诸侯。到了西周末期，国势越来越弱，镐京饱受游牧民族侵扰，周平王迁都洛邑（今河南洛阳），开启了东周时期。东周又分为春秋和战国两个阶段，周朝王室衰微，诸侯国日渐强盛，中国从此进入群雄争霸的岁月。

春秋战国时期，原有的政治秩序瓦解，诸侯各国的君主都热衷于修建豪华的宫殿和庞大的苑囿作为享乐的场所，并以此炫耀自己的国力。当时有名的大型宫苑包括楚国的章华台、吴国的姑苏台、齐国的琅琊台、燕国的黄金台、秦国的林光宫、魏国的梁囿、赵国的赵囿等。这些宫苑几乎都建有高台建筑（图1-1-1），尺度比商朝末期更大，以逐层收分的夯土为核心，外围重重叠叠地修建了多层殿堂房屋，非常壮观；苑囿内依旧蓄养很多动物，栽种各种植物，可举行狩猎、通神等活动，但主要的功能已经转化为游乐和宴饮，更强调园林的景观属性。

楚国的王室苑囿建成于公元前529年，在今湖北潜江境内，依临古代大湖云梦泽，遗址总占地面积达220万平方米，其中建了许多台榭，最核心的高台就是章华台，分为4层，因此登台要停留休息3次，人称"三休台"，

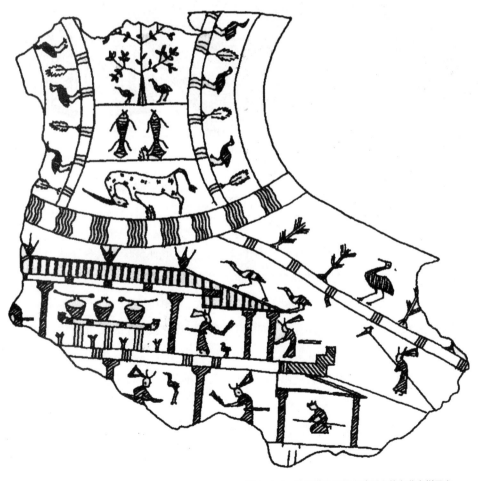

图1-1-1 战国墓出土镏金残匜上的宫苑台榭图案

台上建筑富丽堂皇,雕镂精美(图 1-1-2)。公元前 500 年,吴王夫差在吴都西南角姑苏山上建成姑苏台建筑群,与自然山体结合在一起,各高台分别占据不同的山峰,彼此联为整体,气势宏大,其中包括举办夜宴的春宵宫、收藏美女的馆娃阁和蓄养海洋动物的海灵馆,这些建筑都大量使用铜玉珠宝进行装饰;还在山上开辟天池,池中行驶青龙舟,夫差与美女西施整天待在船上玩乐。可见当时这些大型苑囿已经能够充分利用自然山水,增加人工构筑的台榭和宫室,景观更加丰富。

综合而言,商周时期是中国皇家园林的萌芽期,还带有原始的自然崇拜和山川崇拜思想,在园林中主要开展狩猎、游观、宴乐、通神等活动,崇尚高台建筑,总体而言手法还比较简单。

第二节　秦汉

秦国原是周朝的诸侯国之一，位处西北边陲，与蛮夷杂处，文化相对落后。历代国君励精图治，逐渐统一关中平原。秦孝公时期任用商鞅，主持变法，从此富国强兵，成为战国时期最强盛的国家，后迁都于渭水北岸的咸阳。公元前 256 年，秦灭东周，夺周朝九鼎，取代周天子成为天下共主。秦国在对外扩张的同时，也在咸阳周边地区修建了不少宫殿和苑台。

公元前 246 年嬴政继位，陆续攻灭六国，统一天下，建立大秦王朝，废除周朝的分藩建国制度，定天下为 36 郡（后增至 46 郡），实行中央集权。嬴政自称"始皇帝"，其在位期间，依靠帝国雄厚的实力大建宫苑，从此中国出现了真正意义上的"皇家园林"（图 1-2-1）。

秦始皇在统一六国的过程中，每灭一国，必派人将该国宫殿苑囿绘制成图，然后在咸阳北坂、渭水北岸加以仿建，将该国的美女、钟鼓放置其中。从雍门以东直到泾水以西一带，充斥着六国不同风格的宫殿和苑台建筑群，以这一特殊的方式对六国建筑进行全面继承和效仿，从而使得秦朝成为战国以来宫苑艺术的集大成者。

图 1-2-1　秦代宫苑分布示意图

正式建立秦朝之后，秦始皇在渭水以南扩建上林苑，上林苑范围极为广阔，以自然林木为主，蓄养大量的野生动物，是秦代皇室狩猎、骑射、游乐的主要场所，其中修建了更多的宫室和苑台，以信宫为首，与北岸的咸阳宫和六国宫遥相呼应，整体格局模仿天象：以渭水象征银河，以咸阳宫象征天帝所居的紫宫，以信宫象征北极星，以横桥象征牵牛星，气势磅礴。到了晚年，秦始皇进一步扩建朝宫，以此作为上林苑新的中心。朝宫的前殿就是著名的阿房宫，东西宽五百步，南北长五十丈，上面可以容纳一万人，

图 1-2-2　唐代李昭道绘《阿房宫图》

尺度十分惊人。后世将阿房宫作为秦代宫苑建筑群的总代称，赋予了很多华丽的想象，有很多文学作品和绘画作品以此为题材（图1-2-2、图1-2-3）。

渭水两岸的御苑除了朝宫和信宫之外，还有宜春苑、梁山宫、骊山宫、甘泉宫、章台宫、林光宫、兴乐宫、兰池宫等离宫，虽非正规朝会所在，却都是重要的生活宴乐场所。秦始皇一心追求长生不死，屡次派遣方士入海求仙而不得，遂在兰池宫中开辟大水池象征东海，水中堆叠岛屿以模拟海上仙山，是园林史上首次以人工方式堆山、挖池象征仙境的例子。

图1-2-3　清代袁耀绘《阿房宫图》

秦始皇喜好四处巡游，因此除了咸阳附近之外，还在全国不少地方修建了行宫，作为巡游时的临时住所，现代考古工作者在辽宁绥中和河北秦皇岛都曾经发现秦代行宫遗址。

秦始皇在巡游途中突然驾崩，二世胡亥继位，随后天下大乱，咸阳周围的宫苑建设并未最终完成。项羽入关灭秦后纵火焚烧，这些华美的苑囿台榭全部被付之一炬，大火三月不灭。

刘邦在楚汉相争中胜出，于公元前 202 年建立西汉王朝，在渭水南岸建立新首都长安（今陕西西安）。经过数代建设，关中地区逐渐形成了以长安为中心的庞大宫苑群（图 1-2-4）。

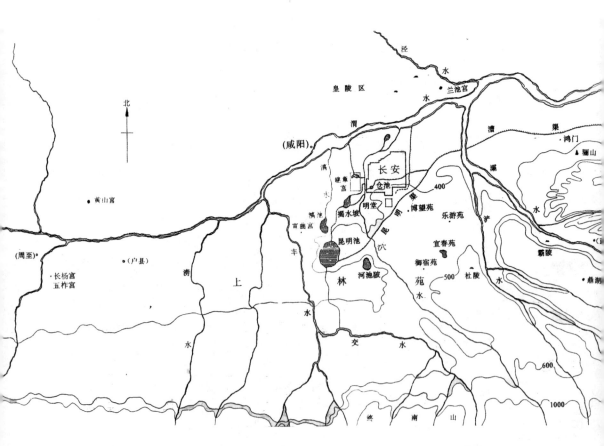

图 1-2-4　西汉长安周围宫苑分布示意图

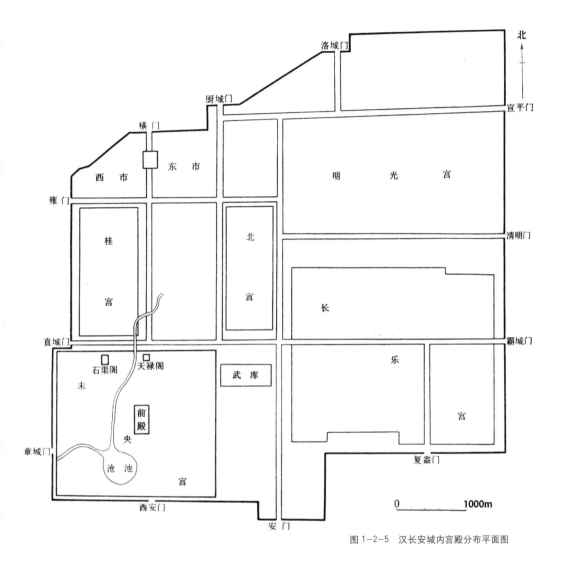

北

洛城门

厨城门

宜平门

横门

西市　东市

明　光　宫

雍门

桂宫　北宫

清明门

长

直城门

石渠阁　天禄阁

未　央　宫

前殿

武库

霸城门

乐

章城门

沧池

宫

宫

复盎门

西安门

安门

0　　　　　　　1000m

图 1-2-5　汉长安城内宫殿分布平面图

　　长安城主要由长乐宫、未央宫、桂宫、北宫、明光宫五大宫殿占据（图 1-2-5）。其中未央宫是皇帝和后妃居住以及举行朝会活动的主要场所，地位最为重要，西南部辟有一个大水池，名叫"沧池"，与石渠相连，池中堆了一座高大的渐台，池边修建石渠阁和清凉殿。宫中还有一座柏梁台，台高几十丈，上面的建筑以香柏为屋梁，传说汉武帝曾经登台宴集群臣，一起联句赋诗，后世将这种七言体的古诗称作"柏梁台体"。

西汉继承了秦代的上林苑并加以扩建，方圆超过三百里，成为中国历史上规模最大的一座皇家园林，比秦代的景致更加壮观。上林苑外围依托终南山，关中八水从苑内穿越，丘陵起伏，平原广阔，天然植被和野生动物的种类极为丰富。除了天然湖泊河流之外，汉武帝时期还以人工挖掘大湖昆明池，面积约一百多公顷，以模拟西南昆明国的滇池，并曾一度在此训练水军，以备讨伐西南夷，池中建有一座豫章台。上林苑广袤的范围内一共设置了36座苑中之苑和12座宫殿，还构筑了很多高台，例如眺瞻台、望鹄台、避风台等。苑中建有昆明观、平乐观等21观，观是一种专门用于登高望远的木构楼阁建筑，大多为2到4层，造型十分丰富。这些建筑的具体形象可以参考出土的汉代明器（图1-2-6）。

上林苑不但是汉代最重要的游乐苑囿，同时包含大量的农田、果园、菜圃、鱼塘、矿场、牲畜养殖场以及皇家作坊，迁徙了50万奴隶和贫民在此劳作，每年出产丰富的农牧产品和矿物、器物，对皇室而言具有巨大的经济意义。

图1-2-6 汉代明器所反映的建筑形象

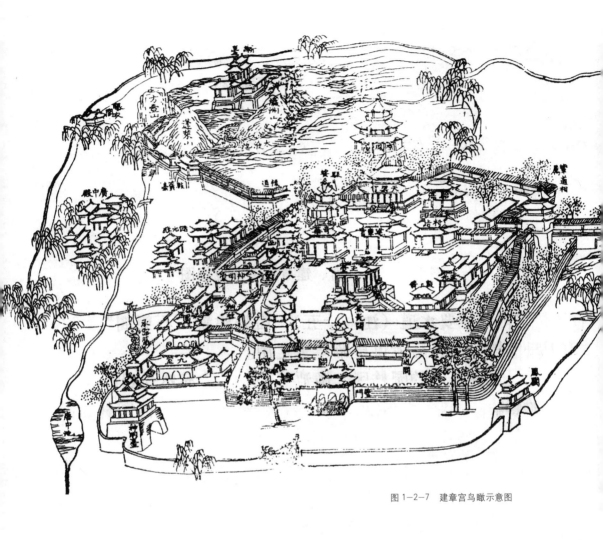

图 1-2-7　建章宫鸟瞰示意图

汉武帝时期又在长安城外西侧营造建章宫，与上林苑联为一体。宫中建有大量的阙、观、台和殿堂建筑。"阙"是一种石构的标志性建筑，经常成对竖立在宫殿、园林、陵寝、祠庙建筑群的入口处。建章宫西北部辟为专门的园林区，园中仿效秦始皇的兰池宫，开凿了一片大水池，名曰"太液池"，池中堆叠三座岛屿，模拟海上的蓬莱、方丈、瀛洲三大仙山。此时"一池三山"的模式已经完全成熟，成为后世皇家园林最常见的造园主题。太液池岸边修建高台，种植多种花草，各式游船在水上游弋，鸟类在空中穿梭飞翔，真的仿佛仙境一般（图 1-2-7）。

　　长安西北的云阳（今陕西淳化县）有一座甘泉山，秦代在此建有甘泉宫，汉代加以复建，其中增建了一对通天台，还有很多宫殿、台、观，皇帝经常来此避暑。

　　秦末时期，南海郡龙川县令赵佗拥兵割据，于西汉初年在岭南地区建立南越国，以番禺（今广东广州）为首都，一度向汉朝称臣纳贡，后自行称帝。南越宫殿遗址已经得到考古挖掘，其中设有独立的园林区，设方形的

图1-2-8 杨鸿勋绘南越国宫苑复原图

大水池和月牙形的小水池，以蜿蜒的石渠串联，其平面有模仿天上北斗七星的意思（图1-2-8）。

西汉末年，王莽篡位，义军四起，烽烟滚滚，长安宫苑多遭破坏。汉朝宗室刘秀于公元25年建立东汉王朝，定都于洛阳。东汉国力远不及西汉强盛，皇家园林的建设也大为逊色。洛阳城北部辟有芳林园，园内辟濯龙池和濯龙宫，以水景为主，水中龟鱼奔游，岸上兰草芬芳，幽静秀美，皇后还在这里修筑了养蚕处和织室。洛阳城西部建有西园，其中堆有大假山"少华山"，模仿关中名山少华山，峰峦起伏，四周环绕水渠，种植了南方进贡的夜舒莲花；汉灵帝在园内设裸游馆，与宫女在池中裸身戏水，池水用西域进贡的香料煮过，香气四溢。

洛阳城郊有上林苑和广成苑，规模远小于西汉长安附近的上林苑，皇室的狩猎活动也大为减少。此外，汉灵帝曾经在洛水南岸开辟灵昆苑，苑中建鱼梁台。

东汉末年，经历董卓之乱和李傕、郭汜之乱后，洛阳和长安两地的宫苑全部被焚掠殆尽，留下一片焦土。

秦汉是中国皇家园林的生成期，也是第一个高潮时期，所建苑囿规模宏大，保持半自然的状态，建筑形式更加丰富，除了继续建造高大的台榭之外，还出现大量的宫殿、观、阙等，在山水造景方面也有新的突破，开始以人工手段再现传说中的仙境或模拟现实世界中的名山，气势磅礴，具有开创阶段特有的浑厚粗犷之美。

第三节　魏晋

　　东汉末年群雄割据，逐渐形成魏、蜀、吴三国鼎立的局面。

　　孙权在江东地区建立吴国，定都建业（今江苏南京，西晋以后更名建康），末代吴主孙皓在太初宫的东侧和西侧分别营建显明宫和西苑，工役浩繁。刘备在益州、汉中地区建立蜀汉政权，定都成都，国小力弱，未见有大型园林工程记录。曹操占据北方地区，挟天子以令诸侯，将汉献帝安置于许昌，自己另以邺城（今河北临漳县境内）为封地魏国的首都，在城西北部建大型御苑铜雀园（图1-3-1），中筑铜雀台，南筑金虎台，北筑冰井台，宛如三

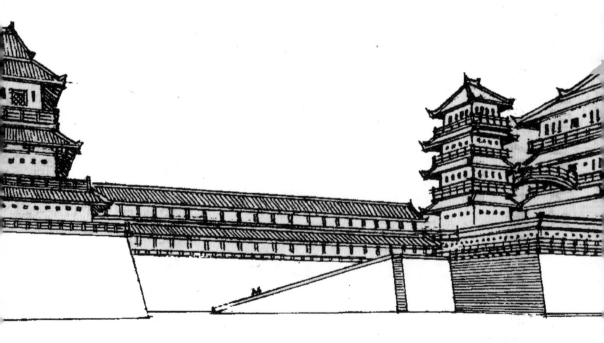

座山峰并峙，彼此之间以飞桥连接，曹操的儿子曹植曾经为之作有《登台赋》，是中国文学史上的名篇。邺城北郊另有一座玄武苑，兼做水军训练基地。

曹丕篡汉，定都于东汉故都洛阳，在城北东汉旧苑的旧址上重建御苑芳林园，开辟灵芝池、天渊池，修筑九华台等建筑。魏明帝曹睿继位后开启大规模的宫苑建设，扩建芳林园，在园中西北部堆造了一座景阳山，与东南的天渊池相依，从各地采集的奇石把景阳山装点得光彩照人。天渊池与穀水相通，池中建九华台，台上有清凉殿。自此芳林园开创了"景阳山与天渊池"这一新的御苑格局，浓缩自然的山峰和湖泊之景，象征着中国版图西北部的高山和东南部的大海，与模拟仙境的"一池三山"模式有所不同，同样对后世的皇家园林产生重要影响。魏明帝还曾在天渊池南侧设置石渠，大宴群臣之时，在渠中漂流酒杯，酒杯流到谁的面前谁就要赋诗，否则罚酒。这种特殊的游戏后来因为东晋王羲之的《兰亭序》而名声更大，后世很多

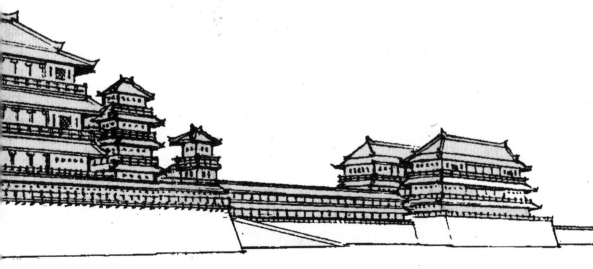

图 1-3-1　杨鸿勋绘曹魏邺城铜雀台复原图

皇家园林纷纷进行仿效，甚至东北地区的渤海国以及日本和朝鲜半岛的新罗国王室园林中都曾经出现类似的景象。魏明帝死后其子曹芳继位，为了避讳，将"芳林园"改名为"华林园"，之后几百年中，"华林园"成为南北各政权所建御苑通用的名称。

三国归晋之后，迎来了西晋二十多年的短暂统一时期，仍以洛阳为都城，继承了曹魏的华林园，另外还建有洪德苑、灵昆苑、平乐苑、舍利池等御苑，规模都不是很大。

西晋后期朝政昏庸，爆发八王之乱，随即出现五胡乱华的混战局面，晋朝皇室被迫迁都吴国故都建康，形成东晋偏安江南的格局。北方则先后出现十几个由少数民族和汉族统治者建立的政权，彼此征伐，战乱不止，史称十六国时期。后赵皇帝石虎一度复建邺城的铜雀园，比曹魏时期更加壮观。石虎是一个十分暴虐的君主，又驱使十六万民众在邺城北侧修建华林园，开凿天泉池，大量种植从民间采集来的各种果树。后燕皇帝慕容熙在首都龙城构筑龙腾苑，模仿洛阳华林园，其中凿天河渠引水入内，又凿曲光海、清凉池，园内建逍遥宫、甘露殿，连绵数百间殿堂。前凉张轨也在凉州地区修建了东苑和西苑。

东晋南迁后仿照洛阳城的规制对建康城进行了扩建（图1-3-2）。建康城宫殿和衙署所在的禁城称"台城"，其北部为东吴时期留下的旧苑，东晋在此基础上修筑华林园，开凿天渊池，堆造景阳山，设置流杯渠，再现了洛阳华林园的风采，含有思念故土、意图光复的意思。晋元帝在建康城北开辟了北湖，按照古代"四灵"的方位又称"玄武湖"，湖面广阔，成为南朝最重要的御苑景观。

魏晋时期是中国园林史上重要的转折阶段，皇家园林继续延续秦汉时期的高台厚榭之风，并创造了以景阳山、天渊池为主景的新格局，规模有所缩减。这一时期流行玄学思想，上层文人以清谈、饮酒、服散为时尚，寄情山水，反对礼教，追求个性解放，对当时的哲学、文学和艺术有巨大的促进作用，同时也对造园活动和园林审美产生深远影响，甚至一些皇家园林也带有明显的文人园林气息。东晋简文帝有一次去华林园游览，就感慨说好的园林景

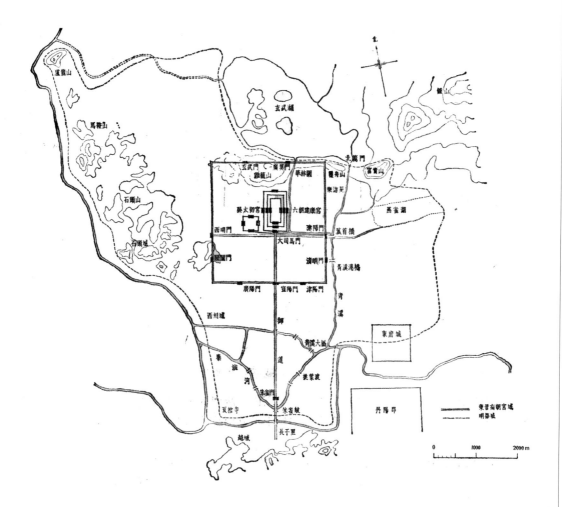

图 1-3-2　东晋、南朝建康平面图

致不需要太辽阔，只要有清幽的水流和茂盛的林木，就会让人觉得自然亲切，联想起庄子时代的濠濮之乐。这其实是典型的文人审美观念，与秦始皇、汉武帝气吞万里的帝王审美思想明显有所区别。

第四节　南北朝

东晋十六国逐渐演变为南北朝对峙的新格局。南方从刘裕建立的刘宋王朝开始，齐、梁、陈依次更替，均以建康为首都；北方由鲜卑族拓跋氏建立的北魏王朝统一各国，定都于平城（今山西大同），493年孝文帝将都城从平城迁至洛阳，延续了汉魏旧都的辉煌。

南朝继续经营建康城北的玄武湖和台城内的华林园，在梁武帝时期达到最鼎盛的境地。宋文帝在玄武湖中修建了四座亭台，一度还想在湖中堆叠蓬莱、方丈、瀛洲三神山，因为有大臣劝谏而作罢；宋孝武帝和齐武帝都曾在湖中大阅水军，有段时间还模仿汉朝上林苑将此湖改称"昆明池"。

刘宋时期将玄武湖的水引入华林园的天渊池中，还增建了琴室、清暑殿、华光殿、兴光殿、凤光殿、竹林堂等许多殿堂建筑，开辟了花萼池，景致更加丰富。宋少帝是一个年轻的昏君，曾经在华林园中设立店铺，亲自扮演伙计去卖东西；梁武帝崇信佛教，在园内建重云殿作为举办讲经大会的场所，另在景阳山上建通天观以观天象。

除了华林园和玄武湖，南朝建康周围还有乐游苑、上林苑、芳林苑、博望苑、江潭苑、桂林苑等二十多处行宫御苑，规模远小于汉代苑囿，但与自然环境充分结合，景致都很优美。

梁代末期爆发侯景之乱，建康御苑大半被毁，陈代又予以重修，但难以尽复旧观。陈后主在华林园中修建临春、结绮、望仙三座高大的楼阁，由张、龚、孔三位贵妃分住，阁下积石为山，引水为池，遍植花木，风光绮丽。

北魏建都平城时期曾在城北建鹿苑，横亘数十里，苑内开水渠和鸿雁池，建鹿苑台，后来不断改建、增建，设鱼池、蓬台，将白登山和方山囊括进苑中。

北魏迁都洛阳后，推行全面汉化的政策，继承了曹魏时期的华林园并加以扩建（图1-4-1）。按照游牧民族的习俗，将天渊池称为"海"，宣武帝在池中堆叠了一座蓬莱山，山上构筑了仙人馆和钓鱼殿，并在二者之间凌空飞架一道像彩虹似的虹霓阁，往来相通。园内陆续堆造了羲和岭、姮娥峰等假山，开凿玄武池，山水景致更加丰富。"羲和"是传说中的太阳女神，

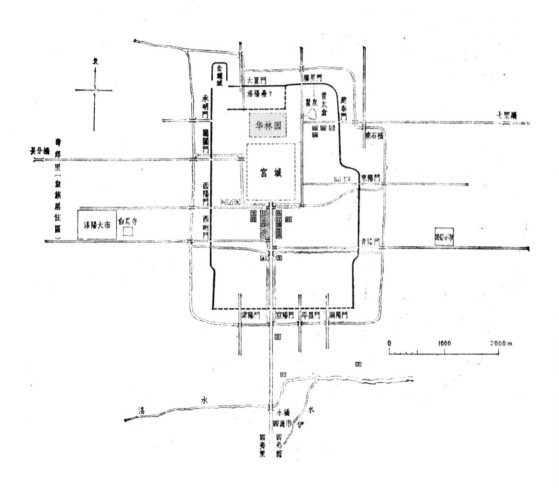

图1-4-1 北魏洛阳平面图

帝俊的妻子。"姮娥"即嫦娥，传说中的后羿之妻，因偷食不死之药而奔月，后世视之为月神。园中以两位女神的名字来命名东西二峰，暗喻太阳和月亮。景阳山南还有一片百果园，据说可出产珍奇的仙枣和仙桃；此外，园中还蓄养异种的龟鱼禽兽。经过扩建的华林园具有浓郁的仙境氛围，皇帝经常在此驾龙舟游玩。

华林园西侧另有一个较小的西林园，其中保留着曹魏时期所建的凌云台，台下有碧海曲池，东侧建了一座十丈高的宣慈观，再东有高二十丈的灵芝钓台，居于水中，底部用石头刻出鲸鱼的形象，好像背负着钓台从海底浮出。钓台四周分别修建四座殿宇，各以飞阁与钓台相连。这里是皇帝夏天避暑的好地方。

北魏末期权臣当道，国家分裂为东魏和西魏两部分，分别以邺城和长安为首都，洛阳因战乱而损毁大半，御苑全成废墟。后来东魏和西魏又分别被北齐和北周取代，对邺城和长安的宫苑均有所建设。

东魏在曹魏旧邺城的南侧另建新邺城，规模大出一倍，宫城的北部辟为后苑，也称华林园；城西建仙都苑，周长数十里，其中以土堆筑五座大山，象征五岳，此外还叠置了峨眉山、平头山等假山；群山之间，引漳河之水汇为四海和中央大海，全部的水程长达二十五里，池中有连璧洲、杜若洲、靡芜岛、三休山等岛屿。园内建造了大量的殿堂楼台，水中的万岁楼以五色流苏为帐帷，悬挂玉佩、方镜和香囊，光彩迷离，香气四溢；峨眉山两侧的鹦鹉楼和鸳鸯楼分别以绿色瓷瓦和黄色瓷瓦覆盖屋顶；大海北侧的飞鸾殿的梁柱造型模仿莲花和竹子；北海中的密作殿布置很多木雕人物形象和机关枢纽，可作各种鲜活的表演。北齐后主高纬还在苑内设有微型的城池和贫儿村，模仿民间景物。综合而言，仙都苑的山水囊括五岳四海，象征着整个天下，建筑形式也十分奇异，在皇家造园史上占有独特的地位。

南北朝时期的南北政权均因地制宜，大力经营皇家园林，相对而言北朝御苑风格宏敞壮丽，山水尺度较大，建筑色彩华美，而且更强调景观的象征含义；南朝御苑趋于幽雅清新，手法细致生动，更富有雅致的文人气息。南北朝皇家园林的进一步发展为隋唐两宋御苑的全盛期奠定了基础。

第五节　隋唐

公元 581 年北周大臣杨坚篡位成功，建立隋朝，8 年后南伐灭陈，重新统一了中国全境。隋代前期社会安定，经济取得很大发展。隋文帝杨坚下旨在西汉、北周长安旧城的东南侧龙首原另建新都大兴城，将皇宫大兴宫北部设为后苑，城外北侧辟大兴苑，由禁苑、东内苑和西内苑三部分组成，城东南角另建芙蓉苑。隋文帝勤俭治国，在位期间御苑建设规模不大，唯晚年在关中平原西北的麟游县和西南的周至县分别建造仁寿宫和仙游宫，颇为奢华。

仁寿宫由古代杰出的建筑大师、将作大匠宇文恺主持设计建造（图 1-5-1）。此园位于群山环抱之中，三条河流在此汇集，山清水秀，林木茂盛，地形条件十分优越。宫廷区位于中央位置，坐西朝东，正殿仁寿殿建于山丘之上，显得尤为高大。宫廷区周围辟为园林区，西侧有人工大池西海，池边利用河流落差形成 60 米高的大瀑布，非常壮观；北面的碧城山上建楼阁、亭子以供远眺，南岸建高台水榭，与池上桥梁相连。

仙游宫位于黑水河畔，南近秦岭，东、西两侧有月岭和阳山，北侧有象岭，周围层层山峦叠嶂，风光秀美，后改建为仙游寺，成为一代名刹。

隋文帝驾崩后太子杨广即位。此人就是历史上著名的昏君隋炀帝，好大喜功，穷奢极欲，大肆营建东都洛阳，在皇宫之北辟陶光园，园东部有一个大水池，池中岛上建造楼阁；陶光园西南另有一个独立的园林，园内开挖九洲池，池中堆有九岛，数量比以往象征东海仙岛的"一池三山"多出两倍。炀帝又在长安和洛阳周围以及关中、中原、江南等地区修建若干离宫和行宫御苑，如西苑、江都宫、晋阳宫等。其中洛阳城西郊的西苑又名显仁宫，规模极广，在中国园林史上仅次于西汉的上林苑，南、西、北三

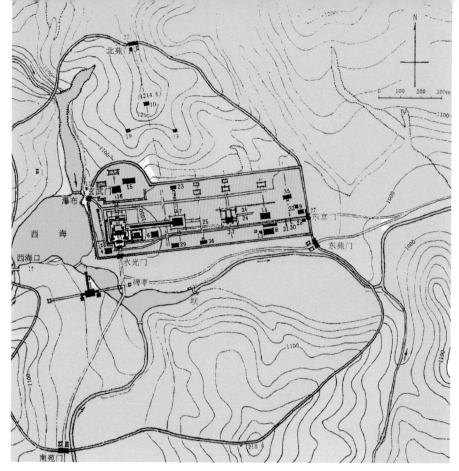

图 1-5-1 仁寿宫复原平面图

面临山，洛水和穀水从中流过，人工开凿的龙鳞渠引水辗转汇入名叫"北海"的大湖，水中堆筑蓬莱、方丈、瀛洲三座仙山，岛上修建道观，设置特殊的机关，变幻莫测。北海的南侧另辟翠光、迎阳、金光、洁水、广明五湖。苑中建造了朝阳宫、栖云宫、景华宫、成务殿、大顺殿、清风堂、流风亭等大量的殿堂亭阁，北海东侧另有曲水池和曲水殿，用于举行曲水流觞的游戏。隋炀帝下旨从全国各地征集奇异的禽兽花木移往西苑，使得全苑花红柳绿，猿啼鹿鸣，奇幻明丽。

隋炀帝屡次大兴土木，加上开凿大运河、远征高丽、巡幸江南塞北，耗费惊人，导致民怨沸腾，烽烟四起，隋王朝也随之覆灭。

公元 618 年，李渊建立唐朝，消灭各方割据豪强，再次统一天下。唐太宗李世民以史为鉴，吸取隋朝速亡的教训，采用较为开明的政策，唐朝的国势蒸蒸日上，从初唐的"贞观之治"到玄宗的"开元盛世"，开创了中国封建社会空前繁荣的局面，唐代的皇家园林建设也由此达到全盛的境地。

唐代将大兴城改称长安，继续进行首都建设，使之成为古代世界第一大都市，道路纵横，形成棋盘式格局，宫殿、官署、里坊、集市分区明确，人口超过百万（图1-5-2）。东都洛阳也得到进一步的发展。两京内外以及其他地区分布着大量的御苑，在隋代的基础上延续秦汉以来第二次皇家造园高潮。

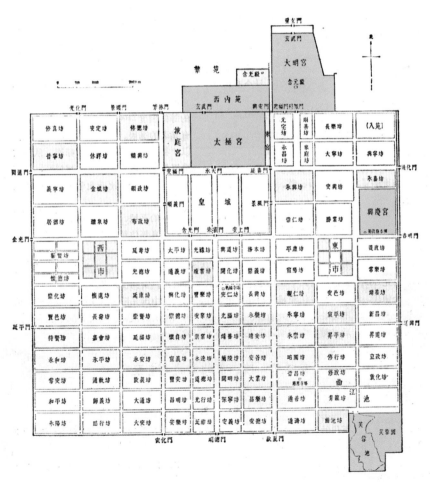

图1-5-2 唐代长安宫苑分布示意图

隋代的大兴宫改称太极宫，唐初仍为大内所在，其北部的园林区也被继承下来。此区临近玄武门，内部开辟了东海、南海、北海三座大水池，彼此有河流相通，建有凝云阁、咸池殿、承香殿、昭庆殿、凝香阁、鹤羽殿、紫云阁等建筑，还有一座凌烟阁，专门供设唐代开国功臣画像，著名诗人李贺的诗句"请君暂上凌烟阁，若个书生万户侯"指的就是这座楼阁。东部设有打马球的球场，附近有一个相对独立的院子，里面布置山水楼阁，自成天地，是一个园中之园。

　　唐太宗初期在长安城东北侧的龙首原高地建造永安宫作为避暑之地，与长安城连为一体，后改名大明宫（图 1-5-3）。唐高宗将宫廷迁至大明宫，凡朝典、听政和日常起居均在此处举行，从此大明宫取代太极宫成为真正的大内，别称"东内"，另称太极宫为"西内"。大明宫的平面接近梯形，占地面积约 3.42 平方公里，差不多相当于北京紫禁城的 5 倍那么大，尽显盛唐的宏伟气象。大明宫的南部是以含元殿为核心的宫殿区（图 1-5-4），北部是以太液池为中心的园林区。园林区地势比较低，太液池分为东西两个水面，西大东小，西池中堆造蓬莱山大岛，山上建亭子，种植了很多桃花，

图 1-5-4　傅熹年绘大明宫含元殿复原图

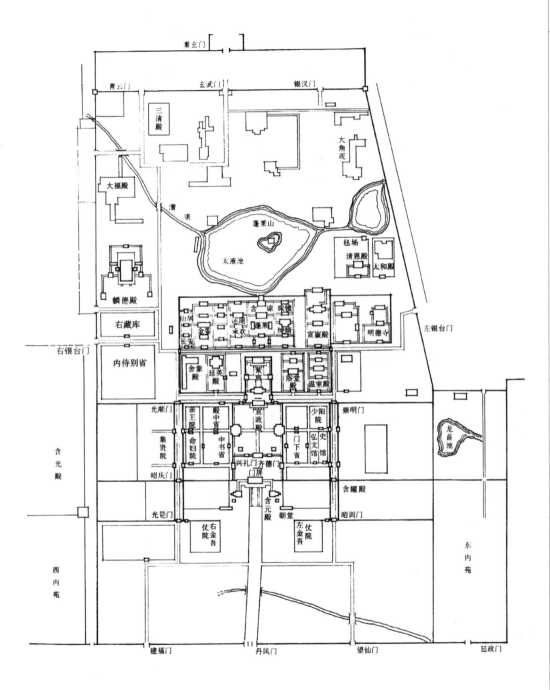

图 1—5—3　大明宫平面图

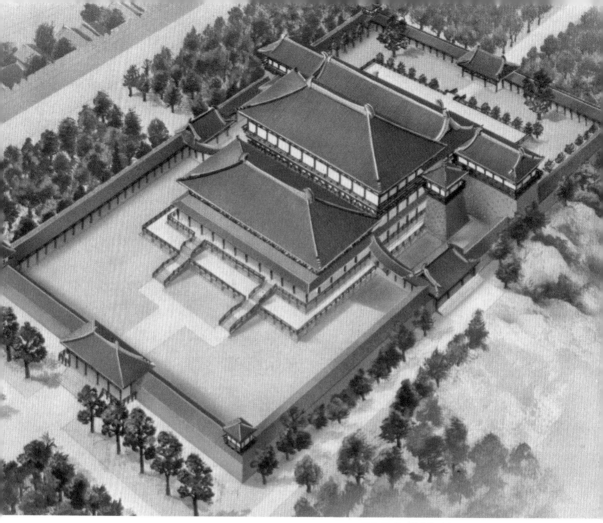

图 1-5-5　傅熹年绘大明宫麟德殿复原图

池岸边建造了长安殿、仙居殿、拾翠殿、含冰殿、承香殿、长阁、紫兰殿、
含凉殿、玄武殿、绫绮殿、宣徽殿、太和殿、清思殿等大量殿堂建筑，还
有佛寺明德寺、道观大角观与三清殿、花房温室殿、浴室浴堂殿等，功能
非常复杂，西侧有一座麟德殿（图 1-5-5），由三座大殿组合而成，巍峨壮
丽，是唐帝大宴群臣的地方。

　　长安城东部的兴庆坊原名隆庆坊，是唐玄宗李隆基即位之前的王府所
在地，玄宗登基后将此坊与北侧永嘉坊的南半部合并，改建为兴庆宫，并
经常在此居住理政，称之为"南内"。兴庆宫的北部设置宫廷区，包含南
薰殿、跃龙殿、兴庆殿和大同殿等殿堂，南部辟为园林区，以名为"龙池"

的大湖为核心，池中种植荷花、菱角等水生植物（图1-5-6）。龙池东北堆有土山，山上以昂贵的沉香木建造了一座沉香亭，周围各色牡丹和芍药盛开，当年玄宗曾经与杨贵妃在此赏花，召翰林学士李白赋诗，留下著名诗篇《清平调》："名花倾国两相欢，常得君王带笑看。解释春风无限恨，沉香亭北倚阑杆。"园西南角沿着外墙构筑了两座楼阁，一为花萼相辉楼，一为勤政务本楼，唐玄宗经常在这两座楼上宴集宗室亲王、群臣或接见外国使节，还在楼下进行奏乐、歌舞、马戏、杂技表演。

图1-5-6　宋代石刻唐代兴庆宫平面图

长安城的东南隅保留了隋代的芙蓉苑，南依丘陵，北连曲江，苑中设有主殿、后殿以及帐殿、山楼、竹楼，池中可泛龙舟，水边种植大量的柳树和木芙蓉，皇帝经常在这里大开筵宴，与群臣一起赏乐、赋诗。唐玄宗特意在兴庆宫和芙蓉苑之间修了一条秘密的夹道，悄然往来游玩。

在长安、洛阳两京的周边地区，唐代利用汉、隋宫苑旧址建造了很多相对独立的园林，仅长安北郊禁苑范围内就有 24 处较大规模的建筑群，如鱼藻宫、九曲宫、望春宫、梨园、咸宜园、飞龙院等。禁苑还是唐代禁卫六军的驻扎之地，负责就近保卫皇室的安全。

唐高祖武德年间在长安北面子午岭中的凤凰谷始建仁智宫，唐太宗又大加扩建，更名为玉华宫。这座园林主要以凤凰谷的自然风光取胜，其最重要的特色是除了正殿玉华殿之外的所有建筑的屋面都不用瓦，改以茅草覆顶，具有清雅而简朴的气质。

唐太宗时期重建隋代的仁寿宫，改称九成宫，基本保持原有格局，还在正殿的附近发现一眼醴泉，名臣魏征为之撰写《九成宫醴泉铭》，大书法家欧阳询亲笔书写，是中国书法史上著名的书法帖（图1-5-7）。大画家李思训、李昭道父子曾经为九成宫作画，很多诗人都有诗句赞颂九成宫的美景。

图1-5-7　唐代欧阳询书《九成宫醴泉铭》

唐初在终南山太和谷修建太和宫，后改名翠微宫，由著名画家、工部尚书阎立德负责规划改建。此园背依终南山，东西有翠微、清华二山并峙，水流和植被的条件很好。园内正殿为翠微殿，寝宫为含风殿，唐太宗经常来此避暑，贞观二十三年（649年）在含风殿病逝。

长安东侧的骊山是秦岭支脉，山景秀丽，地下富有温泉资源，是建造园林、游憩居住的理想地段，秦、汉、隋各朝都曾经在此修建温泉行宫。唐太宗在此营建汤泉宫，唐玄宗另加扩建，更名华清宫，长期在此居住生活，处理政务，成为重要的离宫御苑。华清宫位于骊山北坡，北面为宫廷区，南面为园林区，除了一些理政、寝居殿堂以及亭台、道观之外，另外设有八座温泉洗浴的汤殿（图1-5-8），殿中汤池形状多样（图1-5-9），其中曾经安装玉石雕刻的鱼、龙、野鸭、大雁和莲花，以机关触动，非常神奇，白居易《长恨歌》中"春寒赐浴华清池，温泉水滑洗凝脂"描写的就是这里。园内还专门辟有赛马、打球、斗鸡、习武、练兵的场地，功能丰富多样。骊山的东绣岭和西绣岭被纳入园林范围内，山脚种植花卉、果树，山腰以岩谷、溪流、瀑布取胜，山顶则修建很多殿堂楼阁，其中有一座长生殿，传说唐

图1-5-8　华清宫殿堂复原今景

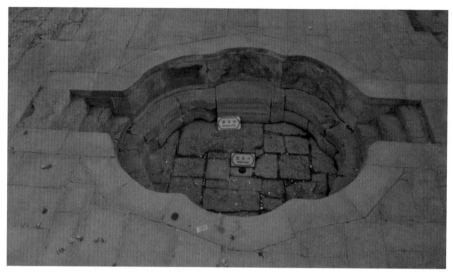

图 1-5-9 华清宫汤池

玄宗和杨贵妃某年七月七日曾经在此约定生生世世为夫妇。

隋唐时期的洛阳虽为陪都，但地位很高，武则天称帝后曾以洛阳为神都。唐代改洛阳西苑为东都苑，武则天又一度改名为神都苑，规模比隋代时缩小了不少，建筑多有增减改造。北海更名为凝碧池、积翠池，唐太宗曾经在水上泛舟；苑中央位置建龙鳞宫，西侧建合璧宫。

唐高宗上元年间在洛阳东都苑的西侧建上阳宫，由6组庭院组成，每一庭院中都错落布置殿堂与亭台，种植竹木花草，形成一个个相对独立的庭园景观。

唐玄宗天宝十四年（755年）爆发安史之乱，历时8年才被平定，唐王朝从此由盛转衰，藩镇割据叛乱愈演愈烈，吐蕃入侵，农民起义大爆发，国势日衰，唐代的御苑也屡遭战火，逐渐被摧毁殆尽。

隋唐皇家园林是中国封建社会最鼎盛时期的产物，既有雄健豪放的气度，同时也有秀丽精雅的构思，不再建造商周秦汉魏晋以来一直流行的高台建筑，但出现了形式更为丰富的殿堂亭馆，叠山、理水和植物配植的手法更为高超，各大御苑的风格也更加多元化，对东亚地区的日本和朝鲜半岛产生深远影响。

第六节 宋代

公元907年藩镇大将朱温篡唐自立，建立后梁，定都汴州（今河南开封），中国进入五代十国分裂时期，后梁、后唐、后晋、后汉、后周五朝走马灯似的先后更替，南方一些王国也纷纷割据称帝。这些政权的国力都很有限，维持时间也不长，在皇家园林建设方面大多乏善可陈，值得一提的是后周在汴州城内外建后苑和金明池，南唐在金陵、吴越在杭州、南汉在广州都曾经构筑一些御苑，各有独特景致。

公元960年后周大将赵匡胤黄袍加身，建立北宋王朝，仍以汴州为首都，更名为东京。东京依据旧城扩建而成，规模不如隋唐长安那样宏伟，街道也比较曲折，但是商业高度发达，到了北宋中叶，里坊和集市周边的围墙被逐渐拆除，临街出现很多店铺、茶楼、酒楼和娱乐场所"瓦子"，非常繁华。宋代文化继承唐代的辉煌成果而又有进一步的发展，文学、音乐、书法、绘画等艺术门类高度发达，风格走向细腻柔美，园林艺术也达到完全成熟的地步。

北宋的皇家园林主要集中在东京城内外，数量不及秦、汉、隋、唐那样众多，规模也相对较小，但景物的精致程度则明显超过前代，在很多方面与私家园林趋同。北宋末叶在位的徽宗赵佶是著名的昏君，但是精通书画和园林艺术，其御制画作中曾经描绘绚丽的园林景致（图1-6-1、图1-6-2）。赵佶对东京的御苑大加整治，并在政和年间新建艮岳和延福宫，堪称两宋皇家园林的巅峰之作。徽宗受唐宋时期的文人风气影响，非常喜欢造型秀美的太湖石（图1-6-3），又偏爱异种的名贵花木，专门在江南的平江府（今江苏苏州）设置应奉局，到处为皇帝搜刮奇石和花树，然后组织大船运送至东京装点艮岳。这项耗费惊人的差役称作"花石纲"，令人民怨声载道。

吟徵調商竈下桐
松間疑有入松風
仰窺低審含情客
以聽無絃一弄中
　　　白原詩題

聽琴圖

图 1-6-1　宋代赵佶绘《听琴图》

儒林記圖十余而
吟詠飛毫醒醉中
多士作新知人穀
壼圖猶喜見文雄

自原詩依
韻和進

明時不與百唐同
八表人歸大道中
丁笑當年十八士
紘紛雖是出草雄

图 1-6-2　宋代赵佶绘《文会图》

34

图 1-6-3 宋代宫廷绘画中的太湖石

东京大内宫城的北部设有后苑，沿袭了后周时期的格局并加以增建，南有小溪横亘，溪中可行龙舟，过溪上小桥为仁智殿，殿前矗立两块巨石，东为万岁峰，西为太平岩，殿后有百尺高的香石泉山，山后引水在石间流淌，落入荆王涧，又流到假山拥翠峰，从太山洞飞悬而下，再逶迤流出园外。

延福宫位于东京宫城北墙和内城北墙之间，其中设有延福殿、蕊珠殿、穆清殿、成平殿、会宁殿等殿堂，东西两侧分别建造多座楼阁。会宁殿的北面叠石为山，山上建翠微殿，旁边建了两座亭子。诸阁中有一座明春阁，高达一百一十尺。靠近内城北墙的位置堆土山，山上种了很多杏树，因此起名叫"杏冈"，山下构筑一座茅草亭，掩映在万竿翠竹之间，溪流环绕其中。园中开凿了一个圆形的水池模拟大海，上面横跨长桥，桥上还建了两座亭子；另引泉水汇成湖泊，湖中筑长堤、桥梁与亭榭相通。园内到处都是名贵的花木，还饲养了很多鹿、鹤、孔雀，都是具有"纳福"含义的祥禽瑞兽。

艮岳又名华阳宫，位于东京内城东北部，按照后天八卦方位起名为"艮"。宋徽宗本人亲自参与艮岳的规划设计，在有限的范围内殚思竭虑、耗尽人工，几乎达到尽善尽美的境界。

艮岳全园主要以人造山水景观为主，建筑数量较少，南、东、北三面均以山围合，中央辟两个方形水池，另有曲折的河流和小池蜿蜒其间。东北部的万岁山是主山，整体形态模仿杭州的凤凰山，上面堆叠来自全国各地的奇石，雄峻险怪，瑰丽灵秀，千姿百态，重要的石头均有题名，甚至被封官爵；山顶上建介亭，可俯瞰全园。万岁山西面紧邻的万松岭模拟杭州西湖岸边的名山万松岭，东南侧连接小山芙蓉城，南面遥对寿山，彼此脉络连贯，形成有机的整体。水从北墙外的景龙江引入，先汇为曲江，池中筑蓬莱岛；水流南转分为两支，一支从万岁山和万松岭之间的曜龙峡穿过，飞流直下，以瀑布的形式注入大方沼，沼中堆有芦渚、梅渚二岛；另一支从西侧绕过万松岭，流入凤池。水从大方沼东南角进入园中最大的湖泊雁池，水上聚集了很多鱼鹰和野鸭。宋徽宗自己写的《艮岳记》夸耀此园的假山囊括了天台山、雁荡山、凤凰山、庐山的奇伟壮丽，水系则堪比黄河、长江、三峡、云梦泽的旷荡秀美，充满了诗情画意。山顶和岛屿多以亭子点缀，水边构筑台榭，山坡和平地则修造楼阁，此外还设有道观、佛堂、书院、村舍、酒店，宛如一幅精美绝伦的立体山水画。

　　东京城外西侧有两座御苑南北相对，北为金明池，南为琼林苑。金明池是一个近似方形的大水池，开凿于后周世宗显德年间，和西汉的昆明池一样用作水军训练基地，以备讨伐南唐。进入宋朝之后，逐渐变成皇室举办龙舟比赛的地方，徽宗时期增加了一些亭榭和花木。此园格局比较规整，水池中央筑有十字形的大平台，上建圆形游廊环绕的水心殿，南侧有大拱桥通向南岸平台上的宝津楼；池北岸为收贮龙舟的船坞"奥屋"。北宋大画家张择端所绘的《金明池夺标图》生动地展现了这座园林的风采（图1-6-4）。

图1-6-4　宋代张择端绘《金明池夺标图》

　　琼林苑从太祖时期就开始修建，直到徽宗时期才最终建成。苑东南部堆了一座高几十丈的假山，山上修建楼阁，山下铺设锦石道路，还辟有池塘，池上跨虹桥。园中大部分地段都种植岭南和江南进贡来的名花，还设有射殿和球场。这是一座以植物景观为主的园林，每年殿试之后，皇帝在盛开的群花中赐宴新科进士，称"琼林宴"。

　　东京城南郊的玉津园也在后周旧苑的基础上扩建而成，其中建筑稀少，树木成林，空地上种植麦子，东北角设野生禽兽养殖场，蓄有大象、犀牛、孔雀等珍奇动物。城内西部的芳林园和东郊的宜春苑分别是宋太宗为晋王时的王府花园和宋太祖四弟秦王赵廷美的别墅花园，前者以朴素淡雅著称，后者和琼林苑一样种植了很多奇花异草。东京北郊还有一座含芳园，栽种了大量的竹子，宋真宗曾经从泰山迎来"天书"，在此供奉，并将园林改名叫"瑞圣园"。

　　北宋时期编撰而成的官方典籍《营造法式》中有流杯渠的平面图（图1-6-5），可见这类景观设施在皇家园林中较为常见。

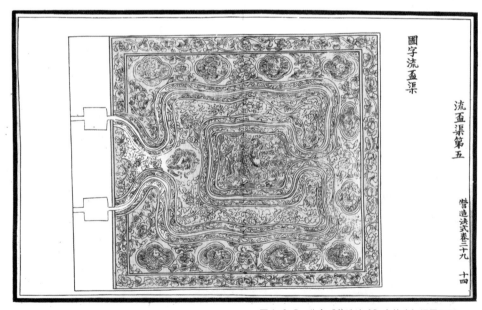

图1-6-5　北宋《营造法式》中的流杯渠平面图

每年三月上旬，金明池和琼林苑都向广大东京市民开放，皇帝与群臣在金明池水心殿大开筵席，水面上有龙舟比赛和彩船表演，东岸可以钓鱼，两园中的空地上搭置临时帐幕，充斥各种演艺、杂耍、赌博以及饮食、古玩、百货，热闹至极。北宋前期的玉津园也在春天定期开放。中国绝大多数朝代都将皇家园林定为禁地，除非获得特许，否则所有臣民都严禁进入，唯有北宋时期允许百姓进入御苑游乐，反映了宋代统治者相对开明的一面。

靖康元年（1126年）金兵围攻东京城，全城陷于绝境，百姓闯入艮岳，拆屋伐树为薪柴，使得全园遭到很大破坏。次年金人将徽、钦二帝和后妃、皇子、宗室、大臣掳往北方，并抢掠了大量的金银珠宝、古玩书画，北宋御苑中的上好山石也被一并运走，皇家园林几成废墟。

徽宗之子赵构登基为高宗，在江南维系半壁江山，以临安（今浙江杭州）为临时首都。临安是江南名城，五代时期曾为吴越国国都，城西有西湖和重重山峰，景色绝佳，宛如天堂。临安的皇家园林除了大内后苑和德寿宫之外，大都位于西湖岸边，享受得天独厚的湖山胜境。

临安城内山峦起伏，宫城位于凤凰山上，北部辟为后苑，地势较高，可俯瞰西湖和钱塘江，山上种植松林和竹林，一条大瀑布临空而下，注入山下的小西湖，空地上梅、桂、杏、桃、海棠、牡丹、芍药、山茶等花木都成片成丛，殿堂之间陈列几百盆南方地区出产的珍奇花卉，每逢宫廷赏花时节，还模仿西湖岸边集市陈列各种店铺，琳琅满目。

德寿宫位于临安城东，原是奸相秦桧的府邸，宋高宗退位为太上皇，将此处扩建为御苑并在此长期居住，称作"北内"。园中有高大的聚远楼，凿大池，引西湖水注入，岸边叠石为山，模拟城郊灵隐寺的飞来峰，山洞中可容纳百人。整个御苑分为东、南、西、北四个部分，东面的建筑与特定的植物结合在一起，如香远清深堂是赏梅花和竹子的地方，松竹三径布置松竹梅和菊花，清妍堂赏酴醾，清新堂赏桂花；南面布置各种游乐建筑，平时可以在载忻堂开宴会、在射厅看射箭、在跑马场骑马、在球场击球，还设有金鱼池以观游鱼；西部比较空旷，以假山和溪流、湖泊为主景，另种古梅、牡丹和海棠；北区建一些特殊造型的亭子，例如绛本亭、倚翠亭和春桃盘松亭，旁边的松树从西湖岸边移栽而来。德寿宫中原有一块巨大的芙蓉石，一直保存到清代中叶，被地方大员进贡给朝廷，放在北京长春园中，改名为"青莲朵"，现存北京中山公园内（图1-6-6）。

图1-6-6 南宋宫苑遗石青莲朵今景

杭州城郊散布多座行宫御苑，其中有一些由没收的私家花园改建而来，朝廷有时也会将某些御苑赐予亲信王公大臣。南宋时期比较重要的行宫包括西湖北岸葛玲南坡的集芳园和东坡的玉壶园，孤山上的延祥观御苑和山下的琼华园，西湖东岸的聚景园，南岸南屏山下的屏山园和南郊钱塘江北岸的玉津园等。

　　两宋是中国皇家造园史上比较特殊的时期，文化发达，造园思想完全成熟，技艺高超，不追求广阔博大，更强调精致清雅，风格偏重写意；叠山理水直接以自然界的名山名水为原型进行再创作，景致十分秀美（图1-6-7）；进一步追求对奇石的欣赏，花木品种和配植手法也比前朝更加丰富；园林中举办各种形式的游乐活动，极有文化气息（图1-6-8）。宋代御苑的这些特点很受后世推崇。

图1-6-7　宋人绘《宫苑图》

图1-6-8　宋人绘《汉苑图》中反映的宫廷生活图景

第七节　辽金元

公元 907 年，耶律阿保机在北方草原上统一契丹各部，称可汗，916 年正式建立契丹国，936 年后唐大将石敬瑭以割让燕云十六州为代价获得契丹军事支持，建立后晋政权，契丹由此得到幽燕地区大片领土，947 年太宗耶律德光称帝，并改国号为辽。辽王朝与后晋、后汉、后周、北宋长期对峙，实行契丹与汉人分治的南北两院制度，以幽州（今北京）为南京，在汉人生活区域内大体沿用唐代官僚体制，使得幽燕地区得以继续保持经济和文化繁荣。

辽代皇帝保持祖先的游牧传统，实行"捺钵"之制，一年四季居无定所，在其国境内到处巡游，设置了很多行宫和临时性的行营，上京和东南西北四京均建有宫殿，但皇家园林主要集中在南京幽州城内外（图 1-7-1）。幽州宫城西部的御苑中辟瑶池，池中筑小岛瑶屿，上建瑶池殿，以模拟昆仑仙境；皇城东门内有一座内果园，西北部有柳庄，西部湖边建临水殿；外城北部有粟园，郊外有长春宫。这些御苑景致大多比较简单，建筑数量很少，以成片成林的花木为主景。

辽代后期，东北地区的女真族崛起，建立金国，先后攻灭辽和北宋，版图扩展到淮河北岸，海陵王完颜亮将首都迁至幽州，加以扩建，更名为中都。金中都继承了辽代幽州的旧苑囿，又有很多新的扩建和创建，数量和质量都远胜辽代。

皇城内设东、南、西、北四大御苑（图 1-7-2），东苑依辽代内果园改建，其中有很多楼台建筑和名贵花卉，金帝时常在此射柳、赏花；西苑囊括皇城西部地段和宫城西部，将辽代瑶池改名为鱼藻池，另辟大池，其中筑岛，园内建瑶光殿、鱼藻殿、临芳殿、琼华阁等建筑，还设有果园以及竹林、杏林、

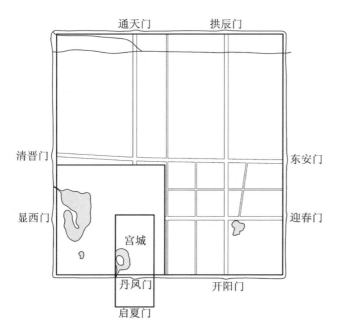

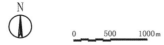

图 1-7-1　辽南京平面图

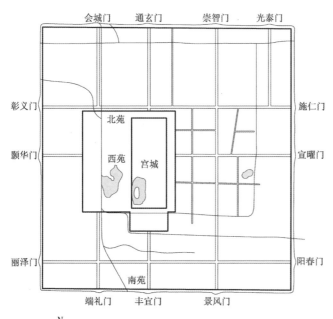

图 1-7-2　金中都宫苑分布示意图

柳林，以饲养大量的鹿、鹅；南苑位于西苑之南，宫廷曾于正月在此举办灯会；北苑位于西苑之北，其中设景明宫和枢光殿，另有湖泊、池塘、溪流，柳树依依，芳草萋萋。

中都南郊有离宫建春宫，金帝经常在此驻跸并处理政务；东北郊的离宫大宁宫规模较大，中央有一大片湖泊，湖中筑大岛琼华岛，传说岛上所叠的假山模仿北宋东京艮岳，有不少山石也来自艮岳，山顶建广寒殿，比拟月中仙境。金章宗时期出现了"燕京八景"的说法，其中的"琼岛春阴"指的就是大宁宫琼华岛。中都西北郊有群山起伏，河流、泉眼很多，汇为若干湖泊，被逐渐开发为风景名胜区，皇家在玉泉山、香山、妙高峰一带均建造了行宫御苑。

与宋、辽、金同时，中国西部有西夏政权，西南有大理政权，也在各自都城营造御苑，但无法与宋、辽、金这样的大王朝相提并论。

金代末叶，蒙古铁木真崛起于草原大漠，于1206年统一蒙古各部，称"成吉思汗"。铁骑横扫欧亚大陆，锐不可当，先后攻灭西夏和金，1271年世祖忽必烈定国号为大元，在金中都西北新建的大都（今北京）定都，之后又灭南宋和大理，统一中国版图。

蒙古开国之初，保持"逐水草而居"的游牧习俗，长住毡帐，不设固定的城市和建筑，攻城略地之时对敌国的城市、宫殿、园林破坏极大。定都大都之后，逐渐汉化，开始进行宫殿和御苑建设（图1-7-3），但皇家园林的数量很有限，不及金代，更不及宋代。

大都以金中都东北角的大宁宫旧址为中心，将原大宁宫的湖泊扩展为太液池，池中从北至南堆筑万岁山、圆坻和犀山三座岛屿，形状都近于圆形。其中万岁山即金代的琼华岛，景致秀丽，"琼岛春阴"由此成为燕京八景之一（图1-7-4）。此岛尺度最大，山上布满奇巧玲珑的山石，山顶重建七间广寒大殿，与南侧山坡上的仁智殿形成一条中轴线，左右大致对称布置介福殿和延和殿、荷叶殿和温泉浴室、方壶亭和瀛洲亭、金露亭和玉虹亭等建筑，很有宝岛仙山、琼楼玉宇的风采。圆坻其实是一座圆台建筑，中央建造了一座十一间的仪天殿，东西两侧有长桥与太液池东西岸相通。犀

中国皇家园林

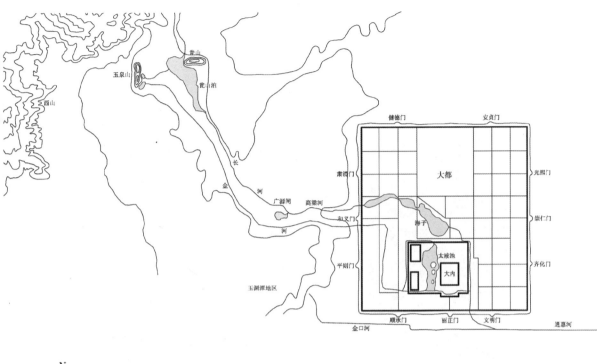

图 1-7-3 元大都及近郊平面图

山处于配角地位，岛上主要种木芍药。太液池水中荷花盛开，四岸林木密布，没有修建什么亭台楼阁，显得疏朗清幽。元代皇帝所居的大内宫城位于太液池东侧，太子所居的隆福宫和太后、嫔妃所居的兴圣宫位处西侧，保持了游牧时期毡帐群分散布置的传统。大内的北侧设有灵囿，主要用于豢养动物，规模相对较小；隆福宫西侧另有一个西御苑，格局很规整，左右建筑对称布置，门内竖立石屏，其北凿了一个长圆形的水池，池中设水心亭；再北依次是歇山殿和圆形殿，东西各带一座亭子，北部叠有一座五十尺高的小山，上建高阁，山下辟有一个流杯池。

图 1-7-4　清代所立琼岛春阴碑

元代的山水画在宋代的基础上又有所发展，经常以古代苑囿和仙山宫殿为题材，在一定程度上也反映了当时宫苑的景象（图1-7-5、图1-7-6）。

辽、金、元三朝均为少数民族所建的王朝，版图一个比一个大，都以幽燕地区为统治中心，使得这一地区后来居上，在关中、中原地区衰落之后，成为皇家园林新的兴盛之地，所建御苑既积极学习唐宋汉族文化精华，又在其中融入一些游牧民族质朴率真的气质，达到新的境界。

图1-7-5　元代李容瑾绘《汉苑图》

图1-7-6　元人绘《广寒宫图》局部

第八节　明清

　　元朝末年爆发农民大起义,朱元璋在南京建立大明王朝,洪武元年(1368年)派大军北伐,占领大都,元朝灭亡,大都未遭严重破坏,改名北平。朱元璋崇尚节俭,认为修建台榭苑囿是劳民伤财之举,虽将南京宫殿造得恢宏壮丽,却未建豪华御苑。建文年间,燕王朱棣以"靖难"为名从北平起兵南伐,夺取帝位后将北平又改为北京,于永乐十九年(1421年)正式迁都,幽燕地区重新成为全中国的政治中心(图1-8-1)。

　　永乐年间修建紫禁城作为大内皇宫,在中轴线的北端设置了御花园,采用规整的矩形平面,中央位置设钦安殿,东西两侧的亭台建筑大致对称,局部堆叠假山,略显变化。紫禁城内廷北部的慈宁宫是太后居所,也设有花园。

　　永乐时期沿袭了元代皇城内的太液池和西御苑,合称西苑,没有新的建设。宣德年间对广寒殿、清暑殿和仪天殿进行重修,天顺之后增建越来越多,太液池的水面向南扩展,呈现出北海、中海、南海三海并峙的格局。东、北、西三面岸边分别建造了凝和殿、太素殿和迎翠殿,原来水中的圆坻和犀山与东岸相连为半岛,而且圆坻的土筑高台也变成砖砌城墙,改称"团城";南海中新筑一个小岛,上建南台,台上构筑昭和殿。元代的"一池三山"从此变成了"三海二岛"(图1-8-2)。

　　永乐、宣德年间在皇城的东南角建了一个东苑,其中筑有殿堂、瑶台,引泉为方池,池上雕刻长达一丈的玉龙,向下喷水,池南殿前的两块奇石造型宛如一龙一凤,旁边还有一片竹篱围绕的菜圃,附近的建筑也都采用茅草覆顶。正统十四年(1449年)明英宗御驾亲征瓦剌,在土木堡被俘虏,其弟朱祁钰即位为景泰帝,英宗被放还后以太上皇的身份幽居于东苑,在这里修建了一组宫殿建筑,宛如紫禁城的缩影,称"南内",后部园林也

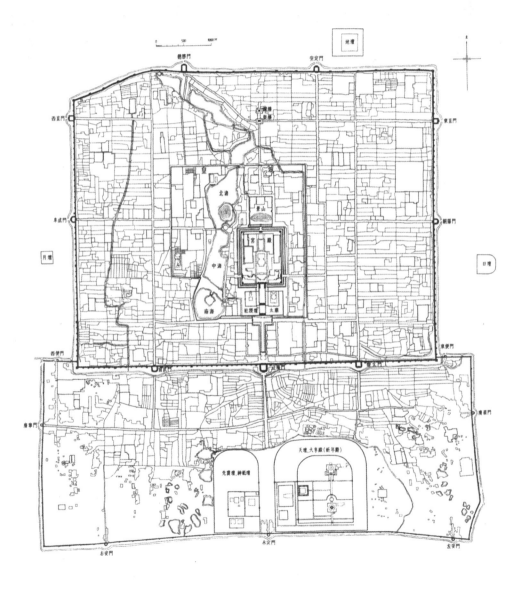

图 1-8-1　明清北京城平面图

图 1-8-2　明人绘《太液秋风图》

做了一定的改造，格局比较规整。

在皇城的西南角有一个兔园，园内的主景是一座人工所造的兔儿山，尺度较大，怪石云立，传说是当年元人从江南不远千里征运而来，每块石头的运费可折合粮食若干，称"折粮石"。山腰处建仙台，山顶有一座清虚殿。明朝皇帝经常在重阳节登上兔儿山，在此俯瞰皇城风光。山上还埋了一口大铜缸，缸中灌水，然后沿着山岩潺潺而下，经过曲折的水渠流到山南大明殿前面的方池中。

皇城的北部开辟了一个独立的御苑，园内堆筑大型土山，名叫"万岁山"，又名"景山"，山上林木很茂盛，其间点缀几座尺度较大的亭子，山北的空地种植果树林，中央是一座宫殿院落，以寿皇殿为正殿。

明代南北方的私家园林都很发达，但贵为九五之尊的皇帝却大多喜欢深居宫禁，对造园并不热衷，而且北京长期受到蒙古部落的军事威胁，很少在城墙之外修建御苑，仅将北京南郊的南海子一带辟为皇家猎场，范围较广，另加少量建筑，放养大量的兔鹿野鸡，称"南苑"。此处元代旧称飞放泊，地势低洼，河湖泉流密布，草木丰美，富有自然野趣。西南郊另外辟有一个上林苑，其性质近于皇家庄园，其中大量种植果树蔬菜、养殖家畜家禽以供奉宫廷，兼作皇室游乐之所。

万历年间，建州女真部落首领努尔哈赤崛起，统一女真各部，建立满族后金政权，并以"七大恨"誓师，正式与明朝开战，连战连捷，占领关外大片领土。崇祯年间关内爆发大规模农民起义，崇祯十七年（即顺治元年，1644 年）李自成率领农民起义军攻克北京，崇祯帝在煤山自缢，明朝灭亡。清军趁势入关，定都北京，消灭各路义军和南明政权，逐步统一了全中国。清代统治者不但全面继承了明朝的政治制度，还保留了北京原有的宫殿、坛庙，顺治年间分别加以重修，同时也对紫禁城御花园和西苑进行整修，在北海琼华岛上修筑了一座白塔（图 1-8-3），此外还对南苑做了较大规模的修缮和改建。

图 1-8-3　清代徐扬绘《京师生春诗意图》

康熙帝继位后，剪除权臣，平定三藩，收复台湾，团结蒙藏，天下渐次安定，国库充盈，开始兴建新的行宫御苑，于康熙十六年（1677年）建成香山行宫，康熙十九年（1680年）建成玉泉山澄心园，后更名静明园。这两座御苑规模不算很大，仅供皇帝偶尔游憩驻跸。

图1-8-4　清代宫廷绘画《康熙万寿盛典图》中的畅春园宫门

康熙二十六年（1687年），清代第一座离宫御苑畅春园建成，成为康熙帝处理政务和日常居住的地方，从此奠定了清代帝王在郊外离宫中长期"园居理政"的传统。畅春园位于北京西北郊海淀地区明代武清侯清华园的旧址上，占地面积约60公顷，其南部建有宫门（图1-8-4）、朝房和举行朝会活动的正殿九经三事殿，东侧小院为康熙帝日常听政的澹宁居，皇帝寝宫清溪书屋则位于园林的北部。全园河道纵横，中央汇为前后二湖，堤岸曲折，中央大岛上筑三进院落，其北为九间三层的延爽楼，水中荷花遍布。东路有剑山、藏辉阁、渊鉴斋、佩文斋、兰藻斋、养鱼堂、藏拙斋诸景，还修建了恩佑寺和恩慕寺两座小庙。西路河流南岸设买卖街，此外还有皇太子居住的无逸斋以及关帝庙、娘娘庙、凝春堂、观澜榭、集凤轩等建筑。畅春园的建筑十分朴素，山水花木也有淡雅清幽的特点。

为了安抚蒙古王公并举行大型围猎活动，康熙帝在关外开辟了木兰围场，每年秋季率领皇子贵胄、重臣武将及万余军队巡幸塞外，举行"木兰秋狝"，并接见蒙、藏、回各族领袖。康熙四十二年（1703年），清廷开始在热河兴建离宫避暑山庄，作为秋狝期间的驻跸之所，建筑依旧保持朴素之风，与真实的山林环境和水系融为一体，成为北京之外的另一座大型离宫御苑（图1-8-5）。

雍正帝继位后将其位于西北郊的赐园圆明园扩建为正式的离宫，规模远胜畅春园，殿堂建筑也更为华丽。此后一百三十多年间，前后五位皇帝均以圆明园为长期居住、理政和举办朝仪典礼的"御园"，在整个清代御苑系统中地位最为重要（图1-8-6）。

乾隆时期清王朝的国力达到顶峰，乾隆帝本人好大喜功，热爱园林艺术（图1-8-7），御苑建设也空前鼎盛。紫禁城中新建了一组宁寿宫，其西路辟为独立的花园；西苑三海做了全面的改建，更趋完善（图1-8-8）；香山行宫得到重修，更名为静宜园（图1-8-9）；圆明园经历了两次大规模的续建，还在旁边扩充出长春园、绮春园、熙春园、春熙院4座附园，拥有一百多个景区，被誉为"万园之园"；乾隆帝将西郊瓮山和西湖分别更名

图1-8-5　清人绘《避暑山庄图》

图 1-8-6　西方版画中的圆明园正大光明殿

图 1-8-7　乾隆帝古装行乐图

图 1-8-8　清代西苑旧景

图 1-8-9 清代董邦达绘《静宜园全图》

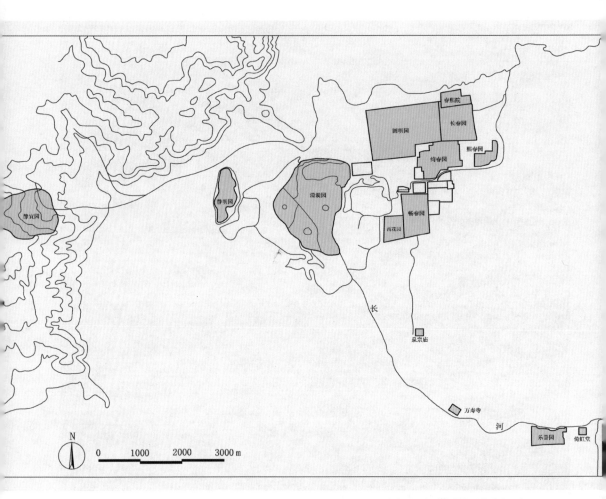

图1-8-10　北京西北郊清代皇家园林分布示意图

为万寿山和昆明湖，在此创建清漪园，构筑多座巍峨的楼阁建筑与山水完美地结合在一起。此外，北京西北郊还设置了乐善园、泉宗庙等其他次要的行宫，形成了以圆明园为核心的"三山五园"御苑群，亭榭相接，山水相望，极为壮观（图1-8-10）。

　　乾隆帝另对北京南郊的南苑进行扩建，全苑包含旧衙门行宫、新衙门行宫、南红门行宫和团河行宫四座相对独立的行宫以及官署、元灵宫、永慕寺、永佑寺等建筑群（图1-8-11），皇帝经常来此举行围猎和演武活动。乾隆

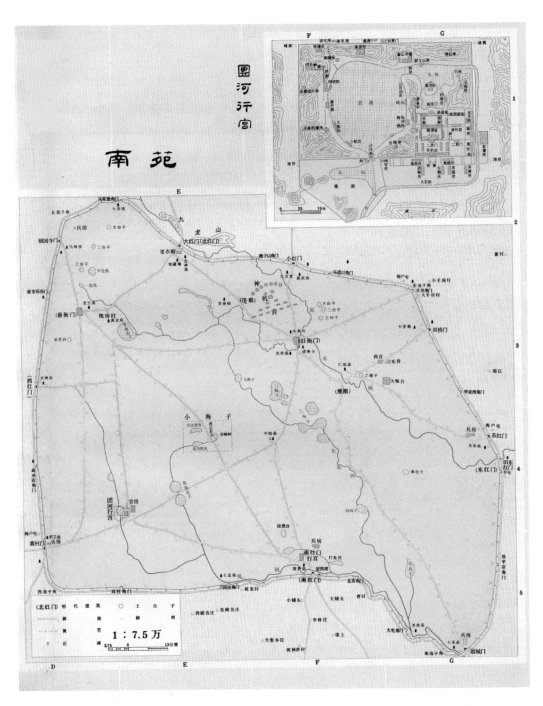

图 1-8-11 清代南苑平面图

年间又两次扩建塞外离宫避暑山庄，在蓟县盘山修建静寄山庄（图 1-8-12、图 1-8-13），还在北狩、南巡以及拜谒皇陵、巡幸盛京和赴五台山礼佛的路线上修建了很多规模较小的行宫御苑（图 1-8-14），数量十分惊人。

从嘉庆、道光时期开始，清代的皇家园林逐步由盛转衰。圆明园的附园熙春园和春熙院分别被赐予惇亲王和庄静公主，由圆明五园改称圆明三园。道光帝取消木兰秋狝，不再去避暑山庄巡幸。咸丰年间国势更加糟糕，内有太平天国起义，外有欧美列强侵略，咸丰十年（1860 年）英法联军攻入北京，对圆明三园、畅春园、清漪园、静明园和静宜园进行大规模焚掠，清代的御苑系统遭遇巨大劫难。

同治年间清廷一度拟重建圆明园，最终因为耗费太大而终止。光绪十二年（1886 年）开始对清漪园进行全面重建，更名为颐和园，成为慈禧太后和光绪皇帝长期驻跸的离宫御苑。清廷另对西苑也加以整修，新建了一些殿堂建筑和游乐设施（图 1-8-15）。光绪二十六年（1900 年）八国联军侵华，颐和园再遭局部破坏，光绪二十八年（1902 年）又一次修复。不久清朝灭亡，中国彻底结束了皇家园林的建设历史。

明清是中国封建社会的末期，也是皇家园林发展的最后阶段，在清代中叶达到第三次高潮，御苑数量很多，规模大小不一，其中既有小巧精致的内廷花园，也有平地建造的集锦式园林以及自然山水与人工构筑相结合的大型苑囿，全面继承了延绵数千年的园林文化传统，并对江南等地的名园风景进行全面的借鉴和模仿，同时还受到西方园林的影响，建筑、叠山、理水、植物配植乃至匾额、楹联的技艺都达到极为成熟的境界，为中国园林史写下了浓墨重彩的最后一笔。

图1-8-12 清人绘《盘山图》

图 1-8-15　清末《三山五园图》

御製題田盤山色圖十六幀

別業據田盤潤抱千峯翠陵谷
因天成軒齋稍位置境惟幽絕
塵心以靜堪寄披圖似重應悦
此煙霞意 右靜寄山莊

別館枕巖阿龍覺合積翠天開
聖人居林藪拱位置煙雲日與澄
石興所寄鑿此知仁樂寧間

臣允禧恭和

宵旰意

图 1-8-13　清代允禧绘《盘山十六景图册·静寄山庄》

图 1-8-14　清人绘《保定莲池行宫图》

第二章

中国皇家园林名园赏析

几乎每一朝代的皇家园林都是同时期最具代表性的名园杰作，可惜随着时间的流逝，秦代的兰池宫、汉代的建章宫、魏晋南北朝的华林园、隋代的显仁宫、唐代的大明宫、北宋的艮岳、清代的圆明园等人类历史上最美妙的艺术精华均已遭遇毁灭的命运，或沦为废墟遗址，或彻底消失，令人嗟叹。本章所介绍的皇家名园以现存实例为主，主要分布在北京古城内外，此外也包括河北承德避暑山庄、保定古莲池和涿州行宫，大多是清代所建，少数创建于前朝，但也经过清代重修和改建，地域范围有限，不能涵盖中国几千年御苑建设的全部面貌，但也大致可以展现封建社会后期皇家园林的绝世风采。

第一节　大内御苑

北京紫禁城御苑

北京紫禁城是明、清两朝的大内皇宫，相当于帝国的心脏，分为外朝和内廷两大部分。外朝包括午门和太和、中和、保和三大殿以及文华殿、武英殿等建筑，主要用于举行各种朝典仪式；内廷以乾清宫、交泰殿、坤宁宫为核心，包含东西六宫、乾东西五所、慈宁宫、宁寿宫等建筑群，是皇帝与太后、后妃、皇子们的主要生活场所和理政场所。紫禁城格局端庄严整，殿宇尺度恢弘，以黄色琉璃瓦、红色墙面与绚丽的油漆彩画形成金碧辉煌的效果，象征着皇权的威严。除了重重宫门、巍峨殿宇组成的大小庭院之外，内廷中也先后设置了几座相对独立的园林，成为森严宫禁中一种柔和的点缀（图2-1A-1）。

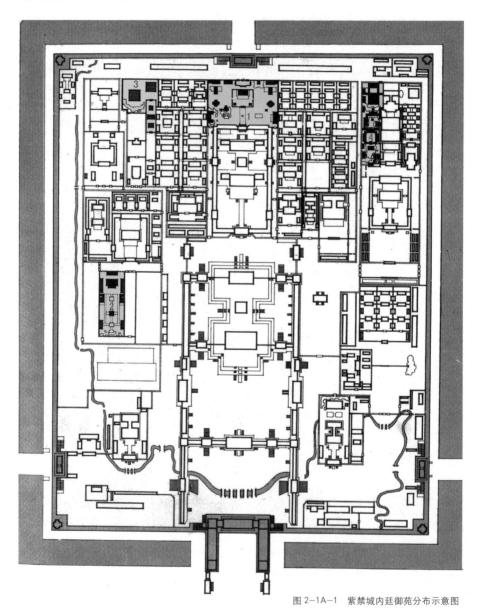

图 2-1A-1　紫禁城内廷御苑分布示意图

1.御花园 2.慈宁宫花园 3.建福宫花园 4.宁寿宫花园

御花园

中国历代王朝的大内宫城大多采用"前宫后苑"的格局，也就是说，经常在宫殿的北部设置一个独立的园林区。明清时期的北京紫禁城也继承了这个传统，在内廷坤宁宫的北侧构筑了一座御花园。

御花园位于紫禁城中轴线的最北部，其主体格局早在明代永乐年间紫禁城始建时就已经奠定，后来历经多次重修和改建，但没有大的变化，延续了将近600年的时间，一直完好保存至今（图2-1A-2）。

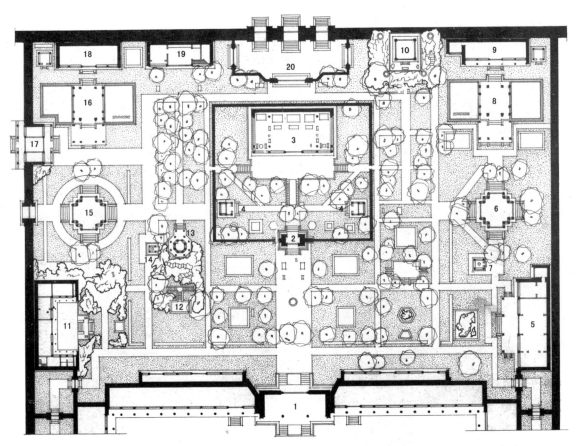

图2-1A-2 紫禁城御花园平面图

1.坤宁门 2.天一门 3.钦安殿 4.焚帛炉 5.绛雪轩 6.万春亭 7.井亭 8.浮碧亭 9.摛藻堂 10.御景亭 11.养性斋 12.鹿圈 13.四神祠 14.井亭 15.千秋亭 16.澄瑞亭 17.漱芳斋 18.位育斋 19.延晖阁 20.承光门

　　全园布局严整，可分为中、东、西三路，左右大致对称，表现出沉稳端庄的气质。园南院墙正中设坤宁门，北墙设承光门。园内中央偏北位置辟有一个四面围合的独立院落，南面有一座天一门（图2-1A-3），院北建造了一座钦安殿（图2-1A-4），这是一座五开间的重檐大殿，也是全园体量最大的核心建筑，建于明代，其屋顶采用特殊的"盝顶"形式，中间是平顶，周围加上一圈屋檐，檐上铺设黄色琉璃瓦。大殿内部供奉道教神像，反映了明代皇帝尊奉道教的历史实情。钦安殿两侧各设一座黄色琉璃筑成的焚帛炉（图2-1A-5），庭院内成行种植柏树，其间布置各式花池，培育牡丹、海棠，点缀太湖石。

　　东路南侧建了一座绛雪轩（图2-1A-6），背东面西，五间硬山建筑，前出三间抱厦，采用绿色竹纹彩画，门窗保持木质本色，显得非常淡雅。前面砌了一个琉璃栏杆围合的花池，池中安设太湖石并种植牡丹、太平花，五色斑斓，与素净的建筑形成鲜明的对比。北侧是一座造型独特的万春亭（图2-1A-7），分为上下两重屋檐，下部采用十字形平面，上部为圆形平面，

图2-1A-3　溥仪在天一门前留影　　　　　　　　　图2-1A-5　焚帛炉

图 2-1A-4　钦安殿

图 2-1A-6　绛雪轩　图 2-1A-7　万春亭

图 2-1A-8 浮碧亭

图 2-1A-9 摛藻堂

基座周围安设汉白玉栏杆。万春亭的西南侧修筑了一个小巧的井亭，北侧是方形的浮碧亭（图 2-1A-8），其南紧接一座小轩，形成组合式的造型。浮碧亭横跨在一个长方形的水池上，水池中有游鱼穿梭。东路最北是五间摛藻堂（图 2-1A-9），其西侧原来有一座观花殿，明代万历年间将此殿拆除，改在原址堆叠了一座太湖石假山，名叫"堆秀山"，山顶建了一座御景亭，虽然高度只有 10 米左右，却可以在此俯瞰紫禁城、西苑和景山风光，视野开阔，由此成为明清宫廷重阳节登高的地方（图 2-1A-10）。假山里面藏着一个石洞，洞里面还在石板上雕刻出天花藻井；堆秀山上的石头形状都很奇特，有人认为其中包含着十二生肖的轮廓，饶有情趣；山间还埋藏着储水缸，可以注水从下面的龙头喷出。

西路南侧与绛雪轩对应的是一座两层五间的养性斋（图 2-1A-11），背西面东，前面堆了一组假山作为屏障，东侧又堆了一座更大的假山，山南建了一个名叫"鹿囿"的石台（图 2-1A-12），山北建四神祠。这座祠宇的主体部分是一座八角亭，北侧伸出一间抱厦。祠西南侧也有一个小井亭。再往北是千秋亭，造型与东路的万春亭一模一样，二者完全对称（图 2-1A-13）。亭北的澄瑞亭也与东路的浮碧亭对称，而且都横跨在方形水池之上（图 2-1A-14）。水池西南面的院墙上设有三间配殿，向西通向漱芳斋的内院。电视剧《还珠格格》中

图 2—1A—10　堆秀山御景亭

图 2-1A-12　鹿囿石台

图2-1A-11　养性斋与假山　图2-1A-13　千秋亭

图2-1A-14　澄瑞亭

说这里是小燕子的寝室，实际上这个庭院原来是皇子所居的乾西五所中的第一所，乾隆帝继位后改为漱芳斋（图2-1A-15）。西路最北是五间位育斋，其东建有两层三间的延晖阁（图2-1A-16）。

从表面来看，御花园与紫禁城的威严端谨的空间气息保持一致，略微显得有些呆板，假山的造型也非上乘，但仔细欣赏之后可以发现，其实花园中的景物只有万春亭与千秋亭、浮碧亭与澄瑞亭以及两个长条形水池的形式完全相同，其余的楼台亭轩只是位置对应，造型均有所变化，假山和花木的设置也很灵活，其中古树的姿态尤其绝胜（图2-1A-17），此外还布置若干造型独特的奇石（图2-1A-18），体现了"正中求变"的特色。

图2-1A-15 漱芳斋庭院

图2-1A-16 延晖阁

图2-1A-17 御花园古柏

图2-1A-18 御花园奇石

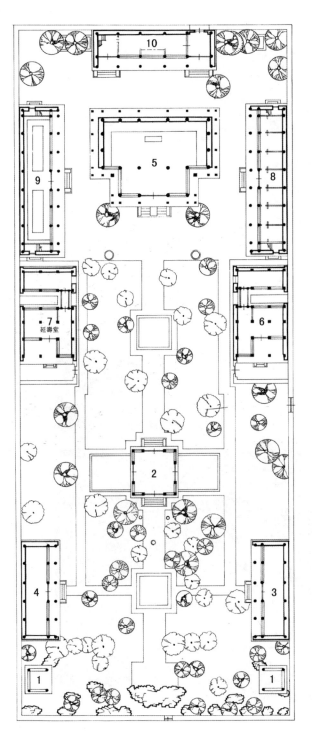

慈宁宫花园

慈宁宫位于紫禁城内廷西北部，始建于明代，是明清两朝皇太后、太妃们的居所，宫殿东侧的一组院落辟为花园，虽然在清代顺治和乾隆年间分别做过重修，但仍基本保持明代的格局（图 2-1A-19）。

此园平面完全呈现中轴对称的形态，东西宽 55 米，南北长 125 米（图 2-1A-20）。南墙上开设园门揽胜门，门内以叠石遮挡。一对方形的井亭分居东南、西南两角，其北为东西厢房，与北侧中轴线上的临溪亭构成第一进院落。临溪亭（图 2-1A-21）采用正方形平面，横跨在一个长方形的水池上，四面以黄绿两色的琉璃槛墙和雕刻精致的门窗加以围合，其形式类似于御花园的浮碧亭和澄瑞亭。池子的东西两端原来还各有一座小亭，现在已经不存。

图 2-1A-19 慈宁宫花园平面图

1.井亭 2.临溪亭 3.东厢房 4.西厢房 5.咸若馆 6.含清斋 7.延寿堂 8.宝相楼 9.吉云楼 10.慈荫楼

图 2-1A-20 慈宁宫花园鸟瞰图

图 2-1A-21 临溪亭

花园北部以五间歇山顶的咸若馆为正殿（图2-1A-22），前出三间抱厦，殿内供奉佛像；东西两侧分别建七间宝相楼（图2-1A-23）和吉云楼（图2-1A-24），其中贮藏佛经；其南的含清斋和延寿堂相当于东西配殿，与咸若馆共同围合出第二进院落。最北端的五间慈荫楼则属于后罩楼的性质（图2-1A-25）。

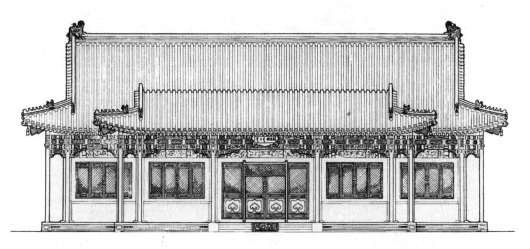

0 1 2 3m

图2-1A-22 咸若馆南立面

图2-1A-23 宝相楼

图 2-1A-24　吉云楼

图 2-1A-25　慈荫楼

　　慈宁宫花园中不设任何游廊和隔墙，空间疏朗，前后贯通，格局很像一座佛寺园林。明清时期的太后、太妃大多崇信佛教，这座花园是她们重要的礼佛场所，其殿阁的名称均有佛教含义或祈求福寿的寓意。园中叠石和水池的尺度都很小，主要以参天的古树形成幽静的氛围，与紫禁城中其他花园相对拥塞繁密的风格明显不同。

建福宫花园

乾隆帝当皇子的时候曾经住在紫禁城内廷西部的西二所，继位后将西二所改建为重华宫，其西侧的西四所、西五所则被一并改建为园林式的建福宫（图2-1A-26）。

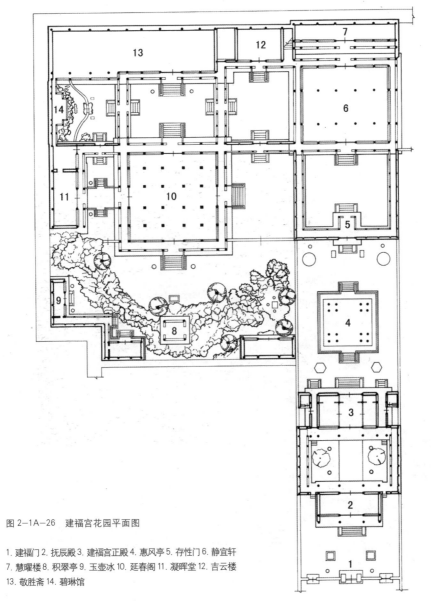

图2-1A-26　建福宫花园平面图

1. 建福门 2. 抚辰殿 3. 建福宫正殿 4. 惠风亭 5. 存性门 6. 静宜轩
7. 慧曜楼 8. 积翠亭 9. 玉壶冰 10. 延春阁 11. 凝晖堂 12. 吉云楼
13. 敬胜斋 14. 碧琳馆

建福宫分为东西两路，东路狭长，各进院落均不设厢房（图2-1A-27）。南端为建福门，北为抚辰殿，再北为建福宫正殿，殿北院落中心建了一座体量较大的方形的惠风亭（图2-1A-28）；亭北穿过一个垂花门，来到最后一进院子，院北是五间静宜轩（图2-1A-29），后面紧接着一座慧曜楼。

图2-1A-27　建福宫花园东路鸟瞰

图 2-1A-28　惠风亭

图 2-1A-29　静宜轩

图 2-1A-30　建福宫花园西路随墙门

西路是花园的主体部分，比东路宽三倍，由一个随墙门（图 2-1A-30）进入。前院中央建造了一座方形平面的大型楼阁延春阁，登上此阁，可以鸟瞰紫禁城并眺望景山和北海琼华岛（图 2-1A-31）；阁西侧为凝晖堂，南部沿着院墙堆了一组假山（图 2-1A-32），山上有积翠亭（图 2-1A-33），左右有飞来峰和玉玲珑两块奇石，西侧贴墙建有曲尺形小轩玉壶冰（图 2-1A-34）。西路的北部被划分为东西并列的三个小院子（图 2-1A-35），彼此之间以透空的游廊分隔；最北为三间吉云楼和九间敬胜斋，西侧另有一座两层的碧琳馆小楼，楼前叠小假山，种植桧树和兰花。

乾隆年间，每逢正月，内廷经常在延春阁悬挂花灯，由皇帝亲自侍奉太后在此观赏。园中的殿堂收藏了很多的古玩和书画，清朝覆亡后，被太监大量盗卖。1923 年逊帝溥仪想对建福宫的藏品进行详细盘查，结果夜里突发大火，将建福宫花园中主要建筑烧毁。1999 - 2005 年，故宫博物院接受香港中国文物保护基金会的捐资，对建福宫进行全面复建，使得这座美丽的宫中花园重现人间。

建福宫花园的格局比较简单，东西两路各有中轴线，显得很规整，东路的殿、亭、轩、楼依次展开，造型不断变化；西路延春阁居于绝对的中心地位，其余的建筑大多沿着院墙布置，起到很好的呼应效果。全园没有任何水景，主要靠建筑和假山取胜，少量的花木起到穿插点缀的作用。

图 2-1A-31 登延春阁鸟瞰紫禁城

图 2-1A-32 隆裕太后与溥仪在建福宫花园假山前留影

图 2-1A-33 积翠亭

图 2-1A-34　玉壶冰　　图 2-1A-35　延春阁北庭院

宁寿宫花园

宁寿宫位于紫禁城内廷东部，修建于乾隆三十六年至四十一年（1771 – 1776 年），是乾隆帝预备自己退位后养老居住的一组宫殿，分为三路，中路布置养性殿、乐寿堂、颐和轩、景祺阁等殿堂建筑，东路设大戏楼畅音阁以及阅是楼、庆寿堂、景福宫等附属建筑，西路辟为独立的花园，又称乾隆花园。

宁寿宫花园东西宽 37 米，南北长达 160 米，分为五进院落，每个院落的尺度相差不大，但空间形式各有特色（图 2-1A-36）。园门衍祺门内为

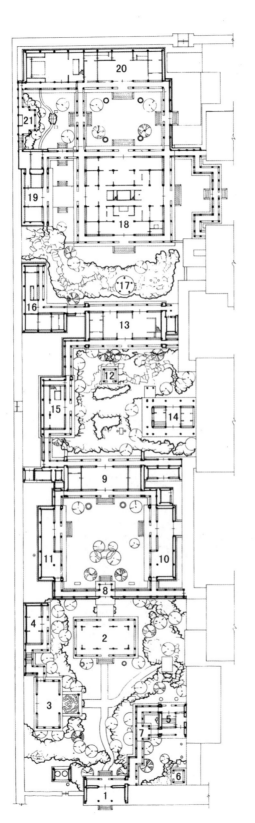

图 2-1A-36　宁寿宫花园平面图

1. 衍祺门 2. 古华轩 3. 禊赏亭
4. 旭辉亭 5. 抑斋 6. 撷芳亭 7. 方亭
8. 垂花门 9. 遂初堂 10. 东厢房
11. 西厢房 12. 耸秀亭 13. 萃赏楼
14. 三友轩 15. 延趣楼 16. 云光楼
17. 碧螺亭 18. 符望阁 19. 玉粹轩
20. 倦勤斋 21. 竹香馆

第一进院，北为五间古华轩（图2-1A-37），因为院中的几株古柏而得名；庭院的东、南、西三面以假山围合（图2-1A-38），西侧为三间禊赏亭，前面伸出一间宛如方亭的抱厦（图2-1A-39），台基上刻出蜿蜒的流杯水渠，再现"曲水流觞"的历史典故（图2-1A-40）；西北角有一座旭辉亭高居假山之上，这座建筑名字叫"亭"，其实是一座三间小轩。院子的东南角辟出另一个小院，其北侧为抑斋，又在西南游廊和东南小假山位置上各建了一个很小的方亭（图2-1A-41）。

第二进院最为整齐，南设垂花门，北为五间遂初堂（图2-1A-42），东西各有五间厢房，以游廊串联为一体。院落近于正方形，空间比较疏朗，只在中央放置了一块湖石，并对称种植了几株花木。

第三进院中几乎没有空地，完全被一座大假山塞满了，山顶建造一座方形平面的耸秀亭（图2-1A-43），山北为萃赏楼，西为延趣楼，东为三友轩，

图2-1A-37 古华轩内景

图 2-1A-38 宁寿宫花园第一进院假山

图 2-1A-39 禊赏亭

图 2-1A-40 禊赏亭内流杯渠

图 2-1A-41 撷芳亭

图 2-1A-42 遂初堂

图 2-1A-43 耸秀亭

图 2-1A-44　宁寿宫花园第三进院剖面图

图 2-1A-45　宁寿宫花园第三进院假山

图 2-1A-46　符望阁侧影

图 2–1A–47 符望阁南立面图

都被假山遮挡大半（图 2–1A–44）。山中隐藏着曲折的洞穴，好像是一个迷宫（图 2–1A–45）。

最后两进院子明显模仿建福宫花园的西路格局。第四进院的主体建筑是方形平面的符望阁（图 2–1A–46），二层五间，体量高大，造型与建福宫的延春阁基本一致，登上去同样可以远望周围风光（图 2–1A–47）。阁

图 2-1A-48　玉粹轩

图 2-1A-49　碧螺亭

图 2-1A-51　宁寿宫花园庭石

图 2-1A-50　倦勤斋

西为玉粹轩（图 2-1A-48），阁南叠有一脉假山，山上建了一座造型奇异的碧螺亭（图 2-1A-49）。这座亭子的平面呈五瓣梅花的形状，构造十分精巧。第五进院用一道廊子分隔为东西两个小院，北面是九间倦勤斋（图 2-1A-50），里面划分成若干小室，包括前厅、卧室、阁楼、戏台等，装修极为精致。

　　宁寿宫花园每个院子都有中轴线，但彼此并不重合，而且行进道路很曲折，所以虽然平面狭长而规整，却又具有明显的起伏变化，其间巧妙地点缀花木和庭石小品（图 2-1A-51），比紫禁城中其他的花园都显得更灵活，达到了很高的艺术水平。园中的建筑形式非常丰富，高低错落，院落空间或宽敞，或幽闭，彼此形成鲜明的对比；假山体量偏大，显得有些拥挤，游者只能近距离仰视欣赏，或在假山内外穿越盘桓，才能体会其巍峨嶙峋之势。

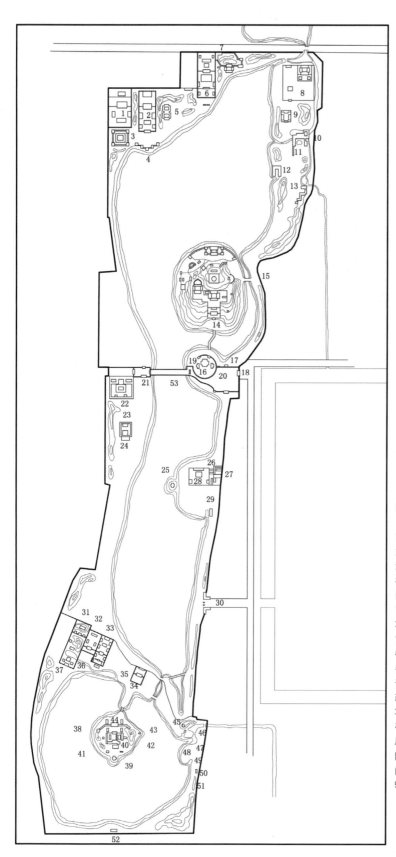

图 2-1B-1　清代西苑三海总平面图

1.万佛楼 2.阐福寺 3.极乐世界 4.五龙亭 5.澄观堂 6.西天梵境 7.镜清斋 8.先蚕坛 9.龙王庙 10.古柯亭 11.画舫斋 12.船坞 13.濠濮间 14.琼华岛 15.陟山门 16.团城 17.桑园门 18.乾明门 19.承光左门 20.承光右门 21.福华门 22.时应宫 23.武成殿 24.紫光阁 25.水云榭 26.千圣殿 27.内监学堂 28.万善殿 29.船坞 30.西苑门 31.春藕斋 32.崇雅殿 33.丰泽园 34.勤政殿 35.结秀亭 36.荷风蕙露亭 37.大圆镜中 38.长春书屋 39.迎薰亭 40.瀛台 41.涵元殿 42.补桐书屋 43.牣鱼亭 44.翔鸾阁 45.淑清院 46.日知阁 47.云绘楼 48.清音阁 49.船坞 50.同豫轩 51.鉴古堂 52.宝月楼 53.金鳌玉蛛桥

北京西苑三海

北京西苑三海是中国现存历史最久远的皇家园林，其源头可以上溯到金代的离宫大宁宫，之后元代在此建大内太液池御苑，明清辟为西苑，不断重修扩建，拓宽水面，踵事增华，清代乾隆年间进一步明确分为南海、中海和北海三个相对独立的区域（图2-1B-1），光绪年间又做过一次重修，光绪帝即在此驾崩。清朝灭亡后，北海被辟为公园，中南海被北洋政府占为总统府，国民政府迁都南京后曾作为公园开放，1949年后成为中共中央、国务院驻地以及国家最高领导人的住所。

南海

南海水面最小，近于圆形，中央岛屿名为瀛台（图2-1B-2），取东海仙山瀛洲之意，设长桥与北岸相通（图2-1B-3）。岛上建造了一组华丽的宫殿建筑，坐南朝北，最北为仁曜门，门内为七间翔鸾阁（图2-1B-4），东西两翼设有长楼；再南过涵元门，门内为瀛台正殿涵元殿，清代皇室经常在此举办典礼和筵宴活动（图2-1B-5），殿南紧接一座两层的蓬莱阁，二

图2-1B-2　南海瀛台旧照

图2-1B-3　南海瀛台石桥

图 2-1B-4　南海翔鸾阁

图 2-1B-5　南海涵元殿

者合为一体，东西两侧为庆云、景星二殿；再南为后殿香扆殿（图2-1B-6），最南端的迎薰亭则凸于水面之上，成为这条南北中轴线的终点（图2-1B-7）。瀛台这组殿宇格局紧凑，室内陈设精美（图2-1B-8），宜于生活。东面的水上还有一座八角形平面牣鱼亭（图2-1B-9），其名出自《诗经·大雅》中对周文王灵台的赞美之词，意思是"水中满是鱼儿"。

图 2-1B-6 南海香扆殿　　　　　　图 2-1B-7 南海迎薰亭

图 2-1B-8 南海瀛台殿宇内景　　　图 2-1B-9 南海牣鱼亭

　　南海和中海之间有一道堤坝，清代康熙年间在堤上建造了一座勤政殿，作为皇帝驻跸西苑期间主要的理政殿宇，殿北侧为德昌门。南海的西北岸建有丰泽园建筑群，明代和清代初期均在这一带设有御田，由皇帝亲自来此表演躬耕之礼；丰泽园内的正殿惇叙殿在光绪年间改名为颐年殿，民国时更名颐年堂，袁世凯曾在此办公，1949年后一直用作会议厅。颐年堂东侧跨院菊香书屋曾经是毛泽东主席的住所。丰泽园西侧有荷风蕙露亭、静谷、崇雅殿、静憩轩、怀远斋、纯一斋（图2-1B-10）等景致，其中静谷假山为清初造园大师张然所叠，清幽典雅，别有一番天地（图2-1B-11），山间设有爱翠楼（图2-1B-12）、植秀轩，与竹柏相伴。南海东岸有云绘楼（图2-1B-13）、清音阁、大船坞、同豫轩、鉴古堂等建筑，掩映在茂盛的林木之中。

图2-1B-10　南海纯一斋　　　　　　图2-1B-11　南海静谷

图2-1B-12　南海爱翠楼　　　　　　图2-1B-13　南海云绘楼

图 2-1B-14　南海流水音

图 2-1B-15　新华门旧照

　　清代康熙年间在南海北岸东侧明代乐成殿的旧址上建造了一个园中园，定名为"淑清院"，旁边就是西苑三海的出水口，院内辟东西二池，以假山相隔，因为水位存在落差，声如奏乐。池边一座方亭，亭内基座上凿流杯渠，与紫禁城宁寿宫花园禊赏亭性质类似，取名为"流水音"（图 2-1B-14）。

　　乾隆时期在南海的南岸紧邻西长安街的位置修建了一座宝月楼，传说是当年来自新疆的维吾尔族美女香妃的居所，民国初期改称新华门，成为中南海的新大门（图 2-1B-15）。

中海

中海是一片狭长的水面，岸边建筑较少，元代太液池中的小岛犀山与东岸相连（图2-1B-16），成为半岛，上面建了一座水云榭（图2-1B-17），其东有万善殿（图2-1B-18）和千圣殿两座殿宇。西岸有大片空地，辟为射苑，

图2-1B-16 中海东岸旧景　　图2-1B-17 中海水云榭

图2-1B-18 中海万善殿

图 2-1B-19　中海紫光阁

可在此跑马射箭，其中建有平台圆殿，以作观射之用，乾隆年间将此台改建为紫光阁（图 2-1B-19）。中国古代有在宫苑楼阁中陈列功臣画像的传统，例如汉代的云台和唐代的凌烟阁，清代紫光阁继承旧制，也在阁内悬挂了许多功臣画像。同时紫光阁还是赐宴外藩王公和属国使节的地方，有时在阁前搭建大蒙古包，把草原特色引入西苑（图 2-1B-20）。紫光阁的北面是时应宫，供奉龙王。

　　中海西岸有一组宫殿院落，其正殿仪銮殿曾是慈禧太后的寝宫。光绪二十六年（1900 年）八国联军侵华，联军统帅部驻扎于此，发生火灾，将仪銮殿烧毁。后来清廷在此重建了一座西洋风格的海晏堂（图 2-1B-21），模仿圆明园西洋楼中的海晏堂，主要用来接待西方各国的女宾。这座建筑在民国时期更名为居仁堂，曾用作袁世凯的居所，1949 年后拆除。

图 2-1B-20　清代宫廷绘画《紫光阁大蒙古包赐宴图》

图 2-1B-21　中海海晏堂旧照

北海

北海是西苑三海的精华所在，水面比南海和中海略大，景致丰富得多（图2-1B-22）。清代皇室冬季经常在北海结冰的水面上举行"冰嬉"，类似今天的滑冰游乐活动（图2-1B-23）。

北海与中海之间以一道长桥分隔，桥东西两端各立一座牌坊，东为金鳌，西为玉蝀（图2-1B-24）。"鳌"是传说中海上的大龟，佛殿中的观音菩萨经常站立在鳌山上；"蝀"指彩虹。这两个牌坊的匾额暗示三海是仙境的化身。东南岸的团城本是元代太液池中的小岛圆坻，底部为圆形高台（图2-1B-25），台上围合一圈圆形平面的游廊，中央在元代仪天殿旧址上建有一座承光殿（图2-1B-26），殿前古松蟠然，南侧有一个石亭，里面放

图2-1B-22　西洋画家笔下的北海琼华岛

图 2-1B-23　清人绘《北海冰嬉图》

图 2-1B-24　金鳌玉蝀桥旧照　　　　图 2-1B-26　团城承光殿

图 2-1B-25　团城圆台外观

图2-1B-27 团城玉瓮

置着元代的大玉瓮，名叫"渎山大玉海"，据说装得下三十多石酒（图2-1B-27）；承光殿周围另外还有一些殿堂和亭子，起衬托的作用。

琼华岛是北海的核心景观，位于水面东南部，南侧和东侧以石拱桥分别与团城和东岸相连。金代曾经在岛中央山顶位置建了一座广寒殿，清代顺治年间改建了一座白色的喇嘛塔，南侧紧邻着一座善因殿（图2-1B-28）。塔底部设汉白玉台基，塔身通体洁白，顶带宝刹，造型流畅，成为整个北海的标志建筑。

图2-1B-28 琼华岛白塔与善因殿

岛的南坡比较平缓，以一条长长石拱桥与对岸连通（图2-1B-29），山上设置了一座永安寺，分为三层台地，从南向北依次为山门、法轮殿（图2-1B-30）、正觉殿和普安殿，格局很规整。寺院西侧有一个静憩轩小院，再西是一个稍大的院子，北为庆霄楼，南建悦心殿，殿前的平台是冬天欣赏冰雪之景的佳处。

　　岛东坡距离对岸很近，观景视野较为狭窄，未做重点处理，山脚下前临牌坊（图2-1B-31），山上种满树木，白塔浮在郁郁葱葱的树梢之上。林间掩藏着一个半月形的高台，台上建了一座智珠殿。

　　北坡下缓而上陡，在土山上叠置了很多石头，形成丰富的冈峦洞穴效果，山脚位置修建了形如长弓的延楼（图2-1B-32），延楼的东西端头各建一座城关，东为倚晴楼（图2-1B-33），西为分凉阁，延楼后面

图2-1B-29　琼华岛南坡　　　图2-1B-30　永安寺法轮殿

图 2-1B-31 琼华岛东坡牌坊

图 2-1B-32 琼华岛北坡

图 2-1B-33　琼华岛北坡倚晴楼　　　　　　　　　　　图 2-1B-34　仙人承露盘

图 2-1B-35　方池列石

的山坡上紧接着布置了远帆阁等多座建筑，在一个小山峰上砌筑高台，上面竖立了一个铜铸的仙人，高高推举着承露盘，面北而立（图 2-1B-34）；其西有一个长方形小水池，池中放置了三块造型独特的石头，象征着海上三仙山，成为缩微型的"一池三山"小景（图 2-1B-35）；附近另有一个长方形的水池，乾隆十八年（1753 年）在池上修建了一座八角形平面的烟云尽态亭，屋顶、梁枋和柱子全部以汉白玉雕成，上面镌刻着乾隆帝26首御制诗（图2-1B-36）。西北侧湖畔建有一座半圆形平面的阅古楼（图2-1B-37），楼内墙面上镶嵌着495块《三希堂法帖》，堪称一座书法博物馆。

岛西坡比较陡峭（图2-1B-38），中间依次布置临水码头、琳光殿和甘露殿（图2-1B-39），庭院中长满花木。甘露殿之东的水精域围合在一个半圆形的院落中（图2-1B-40），偏南处有一个小水池，与岸边曲尺形的蟠青室相依。

从水上和陆上的不同方向来看，琼华岛四面景致各异，又同以纯净的白塔为中心，绿荫中透出殿堂亭轩的黄色琉璃瓦屋顶和红柱彩梁，加上天光云影的映衬，成为绝妙的立体画卷。

北海东岸300多米长的地段上断断续续堆了一脉土山，由南至北在山上构筑曲折的爬山游廊，串联云岫厂、崇淑室和濠濮间三座小轩，濠濮间北

图2-1B-36　烟云尽态亭

图2-1B-37　阅古楼

图 2-1B-38　琼华岛西坡

图 2-1B-39　甘露殿　　　　图 2-1B-40　水精域

侧直接依临一个水池,池上跨着曲桥,桥北端还建了一座石牌坊(图2-1B-41)。在山冈间穿行,可来到一个游廊环抱的水院,正堂画舫斋前后都伸出抱厦,南临水池,看上去略有一点画舫的趣味(图2-1B-42)。东北侧另辟一个古柯庭,以弧形游廊围合成不规则的院落,小巧别致,其中有一株古槐传说是唐代的遗物(图2-1B-43)。画舫斋北面是龙王庙,再北侧的先蚕坛(图2-1B-44)建于乾隆初年,是清代皇后、嫔妃亲自养蚕和祭祀蚕神的地方,与北京外城中皇帝亲自耕地的先农坛遥相呼应。先蚕坛院内设有祭坛、桑园以及蚕房、洗蚕池、亲蚕殿(图2-1B-45)、神厨等建筑。

图 2-1B-41　濠濮间

图 2—1B—42　画舫斋　　图 2—1B—43　古柯庭唐槐

图 2—1B—44　先蚕坛正门
图 2—1B—45　先蚕坛内亲蚕殿

北岸地势平坦而开阔，建筑体量相对较大。偏东位置的镜清斋在光绪年间更名为"静心斋"，由四个院落组成，一大三小，每个院落都以水景为主，却又显示出不一样的妙处。南侧中间的小庭院形态规整，园内完全被方形水池占据，北为五间正堂（图2-1B-46），与两侧游廊相连；东西两院的南面都筑有弧形的院墙，院内均以一汪小池为中心，东院格局简单，西院稍显复杂，而且还在池上架设了曲桥（图2-1B-47）；北面的院子面积最大，四面以曲折起伏的长廊围合，西北两侧堆叠了一座大型湖石假山，与水池相依，凹凸嶙峋，浑朴厚重，是皇家园林叠石中的上品（图2-1B-48）；假山西北角上的最高位置建叠翠楼，东南山脚处建罨画轩（图2-1B-49），西南山腰处有一座八角形的枕峦亭，彼此相望，鼎足而三，尽显错落之态；水池驳岸蜿蜒，东西两端各系一座石桥，中间位置以水榭沁泉廊横跨在水上，将整个水面划分成四块，层次丰富，使得空间感觉更加深远（图2-1B-50）。这座园中园吸取了江南园林的一些特色，很有小中见大、宁静幽雅的意境。清末慈禧太后曾经下旨以紫光阁为起点、镜清斋为终点，沿着北海西岸修筑了一条小铁路，往来更加方便，但是不久又拆除了。

图2-1B-46　镜清斋正堂

图 2-1B-47　镜清斋西院

图 2-1B-48　镜清斋北院假山

图 2-1B-49 镜清斋罨画轩

图 2-1B-50 镜清斋沁泉廊

图 2-1B-51 琉璃牌坊华藏界

镜清斋西侧的西天梵境是一组佛寺，又称"大西天"，南侧建琉璃牌坊华藏界（图 2-1B-51），北面按照明清时期佛寺的典型布局依次布置山门、天王殿、钟鼓楼、大慈真如殿（图 2-1B-52）。后院门名为"华严清界"，门内建重檐八角亭，亭中藏有一座八角形的石塔，塔上镌刻七世佛的造像。亭北为高大的琉璃阁，四周外壁布满了五彩琉璃雕饰而成的佛像和各种花草图案，绚丽之极（图 2-1B-53）。

西天梵境西侧有一座大圆镜智宝殿，殿前竖立一座五彩琉璃制成的九龙壁（图2-1B-54），极为绚丽。再西的澄观堂院落两侧游廊的后壁上镶嵌《快雪堂帖》法书刻石，又名"快雪堂"，院内堆叠大假山（图2-1B-55）。

图 2-1B-52　西天梵境大慈真如殿

图 2-1B-53　西天梵境七佛塔亭与琉璃阁

图 2-1B-54　北海九龙壁

图 2-1B-55　快雪堂假山

西北角位置一组佛寺称"小西天",其南的极乐世界大殿采用正方形平面（图 2-1B-56），体量高大，殿内藏有模仿南海普陀山的大型泥塑（图 2-1B-57），南、北、西、东四面各建一座琉璃牌坊，非常华丽（图 2-1B-58）。东侧的阐福寺是另一座大型佛寺，前设山门，中央开设一道砖砌拱门（图 2-1B-59），红墙间设有黄绿色琉璃装饰，门内为五间天王殿（图 2-1B-60），其北的正殿万佛楼是一座三层楼阁（图 2-1B-61），模仿河北正定龙兴寺大佛阁，在殿内供奉三座巨大的佛祖塑像。

明代嘉靖年间在北海北岸临水构筑了五座亭子，合称"五龙亭"（图 2-1B-62），中央的龙潭亭最大，采用重檐形式，其下檐为方形，上檐为圆形；两侧的澄祥亭和涌瑞亭，尺度略小，分上下两重方檐；外侧两边的滋香亭和浮翠亭尺度最小，均为单层檐。

图 2-1B-56　极乐世界大殿

图 2-1B-57　极乐世界大殿内泥塑

图 2—1B—58　极乐世界南侧牌坊与石桥
图 2—1B—59　阐福寺山门

图 2—1B—60　阐福寺天王殿
图 2—1B—61　阐福寺万佛楼

图 2-1B-62　北海五龙亭

总结：西苑三海的水面既表现出不同的形态，彼此又纵贯浑融为一个和谐的整体，主要的景观分布在水中岛屿和四周岸边，以成组的殿堂轩榭与佛寺相互穿插辉映，其间点缀多座色彩艳丽的牌坊（图 2-1B-63），假山和植被则起到很好的烘托作用，既凸显了水面的深远浩渺，又渲染出建筑的端庄华美，其景致变化多端，尤其适合在水上泛舟游览。园内自金代以来的历次扩建重修成功地延续了"仙山琼阁"的主题，是北京城内艺术水平最高的御苑杰作。

图 2-1B-63　琼华岛岸边牌坊

北京景山

景山位于北京皇城北部的中轴线上，以一座大型土山为主景（图2-1C-1），其位置应在当年元代大内宫城的范围内。有学者考证明代灭元后将其宫殿拆

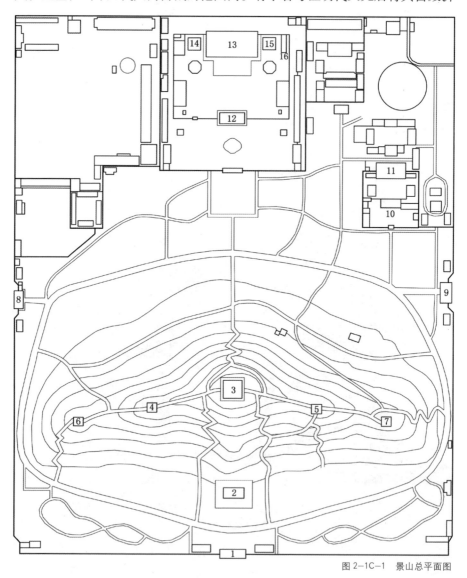

图2-1C-1 景山总平面图

1. 南门 2. 绮望楼 3. 万春亭 4. 辑芳亭 5. 观妙亭 6. 富览亭 7. 周赏亭 8. 山右里门 9. 山左里门 10. 观德门 11. 观德殿 12. 寿皇门 13. 寿皇殿 14. 兴庆阁 15. 永思殿 16. 吉祥阁

除，并在其旧址上堆叠了这座大假山以镇压前朝王气。也有学者认为此处早在金代时就是皇家园林北苑的一个组成部分，其中堆有小土丘，元代称之为"青山"，明代修建紫禁城和扩建西苑期间将筒子河和南海中挖出的淤泥堆在青山上，加高加厚，形成今天所见的景山形象（图2-1C-2）。

明代景山原名"万岁山"，传说一度在此堆放煤炭，因此又称"煤山"。清代顺治年间借用《诗经》中"陟彼景山，松柏丸丸"的典故命名为景山。御苑四面设门，正门北上门位于南侧，与紫禁城北面的神武门相对，门内庭院空旷，其北设两层三间绮望楼，倚靠于山坡南麓（图2-1C-3）。

景山的东、西、北三面均有磴道可以拾级而上。山脊间突起五座山峰，乾隆年间在五峰上分别构筑了一座亭子（图2-1C-4），成为景山的标志。

图2-1C-2　景山西部旧影

123

图 2-1C-3　景山绮望楼

图 2-1C-4　景山五亭全景

方形平面的万春亭位于中央最高处（图 2-1C-5），体量最大，设三重黄色琉璃瓦屋檐，站在亭前，可以鸟瞰紫禁城全貌（图 2-1C-6）；两侧为观妙亭和辑芳亭（图 2-1C-7），位置稍低，都采用双重绿色琉璃瓦屋檐和八角形平面；再两侧为周赏亭（图 2-1C-8）和富览亭，位置更低，分别采用双重蓝色琉璃瓦屋檐和圆形平面。这种五亭并峙的形式与北海五龙亭相似，但景山五亭依托山势而立，比水边的五龙亭气魄更大。当年每座亭子之中都放置了一尊佛像，光绪二十六年（1900 年）被八国联军抢掠、破坏殆尽，只留下基座（图 2-1C-9）。山上古树繁茂，其中包含多株姿态优美的白皮松（图 2-1C-10）。东坡有一株歪脖子的古槐，传说是明代崇祯皇帝自缢之处，民国时期在此立"明思宗殉国处"纪念碑（图 2-1C-11）。

图 2-1C-5 景山万春亭旧照

　　明代在景山下面种植了很多果树，称"百果园"。东北侧建寿皇殿和观德殿（图 2-1C-12）两组建筑群，格局相似，都在前面设牌坊式大门（图 2-1C-13），内设正门和正殿，皇帝经常来此赏花、射箭。清代乾隆年间将寿皇殿整个院落迁移到景山的正北面，门墙之南设有三座大型牌坊，正殿模仿太庙大殿的规制（图 2-1C-14），其中供奉历代清帝的画像。

　　景山的地位相当于紫禁城北侧的屏障，虽为人工堆造而成，却具有峻拔葱郁的山林气象。山峰上的五座亭子色彩华丽，造型丰富，主次分明，与北海的白塔一起成为北京皇城内最重要的景观标志（图 2-1C-15）。

图 2-1C-6　登万春亭南瞰紫禁城

图 2-1C-7　辑芳亭

图 2-1C-8　周赏亭

图 2-1C-9　景山富览亭佛像基座　　图 2-1C-10　景山白皮松　　图 2-1C-11　明思宗殉国处纪念碑

图 2-1C-12　观德殿院落前门

图 2-1C-13 寿皇殿建筑群门前牌坊

图 2-1C-14 寿皇殿鸟瞰

图 2-1C-15 远望景山

第二节 离宫御苑

承德避暑山庄

承德旧名热河，位于北京东北方约 230 公里的位置，北临内蒙草原，东接辽东黑土，位置险要，水土丰美，气候宜人。为了优遇蒙族上层人士、加强蒙古各部与朝廷之间的联系，也为了满足皇室自身避暑、狩猎的需求，清代康熙四十二年（1703 年）开始在此兴建避暑山庄，作为皇帝北巡期间驻跸的离宫御苑，康熙帝为之钦定了三十六景之名。从康熙四十七年（1708 年）开始，清帝巡幸热河期间均在此居住、理政，并举行一系列朝会、赐宴活动。乾隆十六年（1751 年）至五十五年（1790 年）间又先后两次加以进一步的扩建，乾隆帝另在康熙三十六景之外命名了新的三十六景（图 2-2A-1）。

图 2-2A-1　清代《热河行宫全图》

图 2-2A-2 避暑山庄总平面图

1.丽正门 2.澹泊敬诚 3.烟波致爽 4.云山胜地 5.松鹤斋 6.万壑松风 7.德汇门 8.清音阁 9.卷阿胜境 10.阿哥所 11.绮望楼 12.望鹿亭 13.水心榭 14.文园 15.清舒山馆 16.戒得堂 17.花神庙 18.新所 19.月色江声 20.环碧 21.芝径云堤 22.如意洲 23.烟雨楼 24.金山 25.孢子圈 26.流杯亭门 27.香远益清 28.热河 29.莆田丛樾 30.莺啭乔木 31.绿毯八韵碑 32.濠濮间想 33.水流云在 34.芳渚临流 35.芳园居 36.如意湖 37.千尺雪 38.文津阁 39.春好轩 40.蒙古营 41.乐成阁 42.永佑寺 43.望源亭 44.暖流暄波 45.惠迪吉门 46.宿云檐 47.翠云岩 48.澄观斋 49.泉源石壁 50.北枕双峰 51.斗姆阁 52.青枫绿屿 53.南山积雪 54.瞩朝霞 55.云容水态 56.旷观 57.凌太虚 58.清溪远流 59.林下戏题碑 60.仙苑昭灵 61.水月庵 62.放鹤亭 63.旃檀林 64.山近轩 65.翼然亭 66.广元宫 67.古俱亭 68.敞晴斋 69.含清斋 70.碧静堂 71.玉岑精舍 72.宜照斋 73.西北门 74.放鹤亭 75.创得斋 76.四面云山 77.澄泉绕石 78.梨花伴月 79.清舒山馆 80.珠源寺 81.瀑源亭 82.瀑源碑 83.食蔗居 84.松鹤清越 85.风泉清听 86.锤峰落照 87.碧峰寺 88.碧峰门 89.新所 90.古栎歌碑 91.有真意轩 92.鹫云寺 93.秀起堂 94.静含太古山房 95.眺远亭 96.龙王庙

130

从康熙年间开始，还在离宫外围陆续兴建了外八庙，使之功能更加完善，景致更为丰富。

避暑山庄的总占地面积达到564公顷，是清代规模最大的一座皇家园林（图2-2A-2），也是蒙、藏、回、哈萨克等少数民族领袖和朝鲜、琉球等属国的使者觐见皇帝的主要场所，成为北京之外另一个特殊的政治中心。嘉庆二十五年（1820年）嘉庆帝巡幸期间在避暑山庄驾崩。道光年间木兰礼废，皇帝不再北巡塞外。咸丰十年（1860年）英法联军攻入北京，咸丰帝仓皇北逃至避暑山庄，次年在此驾崩。

避暑山庄又称"塞外宫城"，外围修建带有雉堞的城墙，周围五座园门也都采用城门的形式，比其他御苑的防御性更强。整座山庄大致可以分

图2-2A-3　清代宫廷画家冷枚绘《避暑山庄全图》

为宫廷区、湖泊区、平原区和山岳区四个部分，宫廷区建筑密度最大，湖泊区景观最为丰富，平原区最为空旷，山岳区占地面积最大并保持自然山林的本色（图2-2A-3）。

宫廷区

避暑山庄的宫廷区位于离宫南侧正门丽正门之内，由正宫、东所松鹤斋和东宫三组宫殿建筑组成。

正宫建于康熙晚期，从丽正门（图2-2A-4）开始，前后共有九进院落，前为外朝，后为内寝，仿佛是紫禁城的缩影。丽正门之北的第二道门为午

图 2-2A-4　避暑山庄丽正门

图 2-2A-5　避暑山庄午门

门（图 2-2A-5），第三道门为宫门（图 2-2A-6），东西各有朝房五间，门前设有月台，清帝常在此接见外藩，有时还会比赛射箭。宫门内院落之北为离宫正殿澹泊敬诚殿（图 2-2A-7），面阔七间，卷棚歇山顶，在整个组群中体量最大，其梁柱构架均用珍贵的楠木制成，故又称"楠木殿"，殿内正中设有皇帝宝座；殿前东西各有配殿五间，院中种植了许多高大的松树，气氛幽静肃穆。澹泊敬诚殿之后的依清旷殿又名四知书屋，是清帝召见外藩、接见大臣和日常办公的地方（图 2-2A-8）。再北的十九间殿名为"万岁照

图 2-2A-6　避暑山庄宫门

图 2-2A-7　澹泊敬诚殿

图 2-2A-8　依清旷殿

图 2-2A-9　十九间殿（万岁照房）

图 2-2A-10　烟波致爽殿

图 2-2A-11　云山胜地楼

图 2-2A-12　岫云门

房"（图 2-2A-9），正中的三间辟为佛堂，称"宝筏喻"，又名"宝佛斋"，是供奉佛像的场所。内寝院落南侧设三开间门殿，其正殿为面阔七间的烟波致爽殿（图 2-2A-10），清帝北巡驻跸期间在此居住，室内格局很宽敞；正殿东西两侧各有两组院落，院中各建正房一间，是嫔妃们的住所。烟波致爽殿的北面为两层五开间的云山胜地楼（图 2-2A-11），室内不设楼梯，通过楼前假山可拾级登上二楼，向北远望苑内大片的山水楼阁胜景；两翼设有单层硬山顶顺山房，以廊子与烟波致爽殿相连。最北侧建有一座三开间的垂花门，名为岫云门（图 2-2A-12）。正宫西南侧的西所是一个独立的跨院，主要供未成年的小皇子居住。

　　乾隆年间所建的松鹤斋位于正宫东侧，二者平行，格局也非常相似（图 2-2A-13）。这组建筑共分八进院落，主要供太后和嫔妃们居住。南侧设两道宫门（图 2-2A-14），其北为正殿松鹤斋，又名含辉堂，再北为太后寝宫乐寿堂，现仅剩台基，乐寿堂北为十五间后罩殿（图 2-2A-15）。后罩殿的北面又有一个院子，其正殿继德堂（图 2-2A-16）建于乾隆五十七年（1792 年），规制模仿皇帝所住的烟波致爽殿，乾隆帝退位为太上皇的 3 年间曾用作嗣皇帝嘉庆帝的寝殿，后来更名为"绥成殿"，专门供奉清朝历代皇帝"御容"画像。殿北设两层五间的畅远楼（图 2-2A-17），造型与正宫的云山胜地楼较为相似。建筑群的最北侧仍以一道垂花门作为终点（图 2-2A-18）。

图 2-2A-13　松鹤斋图

图 2-2A-14　松鹤斋宫门

图 2-2A-15　松鹤斋后罩殿

图 2-2A-16　继德堂

图 2-2A-17　畅远楼

图 2-2A-18　松鹤斋北侧垂花门

位于松鹤斋东面的东宫也建于乾隆年间，主要供清代帝后看戏娱乐和辅助办理政务之用。南侧设德汇门和门殿两道宫门，门殿之北为面阔十一间的前殿，其后部正中三间凸出，与北侧的清音阁相连。清音阁是一座三层三间的大戏楼（图 2-2A-19），清帝驻跸山庄期间，经常在此表演大戏，其北为看戏楼"福寿园"，分上下两层，上层设皇帝和后妃看戏的御座，下层和两侧的群楼则安置王公大臣、外藩首领、属国使节的座位。看戏楼后面的勤政殿是皇帝另一处办公理事的殿宇。最北侧的卷阿胜境殿面阔五开间，北出三间抱厦，乾隆帝经常在此陪同太后用膳，并赐随从大臣和蒙古王公一起用饭，显得很有家庭气氛。这组建筑群毁于 20 世纪 40 年代，现仅存台基遗址（图 2-2A-20）。

　　松鹤斋北面的万壑松风是一组独立的园林建筑，位于山冈上，北面临湖，布局曲折，别具一格（图 2-2A-21）。主殿为五开间周围廊建筑，曾是康熙帝披阅奏章、接见大臣和读书写字的地方，前殿鉴始斋则是乾隆帝幼年读书的书房，院内外种植很多松树，十分幽静。

图 2-2A-19　东宫清音阁旧照　　　　　　　　　图 2-2A-20　东宫遗址现状

图 2-2A-21　万壑松风

湖泊区

　　湖泊区位于宫廷区的北面，占地面积约 43 公顷，是全园的精华所在，其中开辟了脉络相连的湖泊和溪流，引园外的河水和园内的泉水汇聚而成，彼此之间以堤坝和桥梁分隔，水中共筑大小 8 个岛屿（图 2-2A-22、图 2-2A-23）。

　　西面的如意湖水面最大，湖中的如意洲则是全园最大的岛屿（图 2-2A-24）。岛上的延熏山馆是一组完整宫殿建筑群，在正宫未建之前，曾是康熙帝最初理

图 2—2A—22　避暑山庄湖泊区鸟瞰

图 2—2A—23　避暑山庄湖泊区平望

政和居住的地方。五间门殿澄波叠翠后改名为"无暑清凉"（图2-2A-25），正殿是一座七间歇山建筑，前出五间抱厦，悬"延熏山馆"匾额（图2-2A-26）；之后为七间寝殿水芳岩秀（图2-2A-27），乾隆时改名为"乐寿堂"，前后分别伸出五间抱厦和三间抱厦，形式与后来颐和园的乐寿堂相似，室内隔断复杂，雕饰精雅（图2-2A-28）。中轴线上的院落左右各有一个跨院，东院呈曲尺形，中设"浮片玉"戏台（图2-2A-29）和二层的"一片云"看戏楼，为清帝观戏、赐宴之所。西院北房为川岩明秀，西厢为金莲映日。此外，延熏山馆之东有一座名为"法林寺"的小寺庙，内设三间正殿般若相（图2-2A-30），院西有云帆月舫楼，四周还散布着一些亭榭，彼此以游廊相接。东侧山坡下另有一座清晖亭（图2-2A-31），独自面对静静的湖面。如意洲上的这组建筑四面临水，形式丰富，功能相当复杂，可兼作朝会、赐宴、理政、居住、看戏和观景、宗教祭祀之用。

图2-2A-24　如意洲

图 2-2A-25 无暑清凉门殿　　　　　　　　图 2-2A-26 延熏山馆殿

图 2-2A-27 水芳岩秀殿　　　　　　　　图 2-2A-28 水芳岩秀殿内陈设

图 2-2A-29 浮片玉戏台　　　　　　　　图 2-2A-30 法林寺正殿般若相

图 2-2A-31　如意洲清晖亭

图 2-2A-32　水心榭

　　东宫北侧的银湖和镜湖之间的水面上修筑了一座长桥，两端各立一座牌坊，桥上有三座体量较大的亭子，名为水心榭（图 2-2A-32），此处视野甚佳，可欣赏到东、北、西三面水景的不同变化。镜湖东侧有一个文园狮子林，模仿苏州名园狮子林而建，其中包含横碧堂、虹桥等十六景（图 2-2A-33）。

如意洲东侧的金山岛贴近湖岸，环境地貌与镇江金山很相似，又称"小金山"（图2-2A-34）。金山是长江南岸边的一座岛屿，山上密密麻麻构筑了很多殿堂楼台，东侧有七层慈寿塔巍然矗立，从江上望去，气势雄伟。避暑山庄的金山岛临水修建了层叠的曲廊和亭榭，最高处为三层八角形平面的天宇咸畅阁（图2-2A-35），地位相当于镇江金山的慈寿塔。此岛的建筑尺度比镇江金山要小得多，但二者的整体轮廓十分神似。

图2-2A-33 文园狮子林横碧堂与虹桥

图2-2A-34 金山岛　　图2-2A-35 天宇咸畅阁

从万壑松风向北，可沿名为"芝径云堤"的长堤在湖上行走（图2-2A-36）。长堤分为三股，形如灵芝，西堤通向采菱渡（图2-2A-37），东堤通向月色江声（图2-2A-38），中间一堤连接如意洲。堤上种植垂柳，与水上的大片荷花相映照。

如意洲西北侧小岛名叫青莲岛（图2-2A-39），岛上修建了一座两层五间的烟雨楼（图2-2A-40），模仿浙江嘉兴烟雨楼而建，四面临水，周围的湖岸相距不远，每当下雨时，在对岸隔水相望，大有烟雨朦胧之感。

如意湖的西面有一片长湖，两湖以长桥相隔。长湖西侧山坡上有珠源寺，寺中有铜殿（图2-2A-41），重重殿阁倒影于水中；山坡上又有大小瀑布，形成"千尺雪"小景，旁边建观瀑亭。山上另有一座龙王庙，矗立在高台上（图2-2A-42）。长湖北端有一座文津阁（图2-2A-43），两层六开间，

图2-2A-36 芝径云堤

图2-2A-37 采菱渡

图2-2A-38 月色江声

图2-2A-39 青莲岛南侧景象

图 2-2A-40　烟雨楼

图 2-2A-41　珠源寺

图 2-2A-42　龙王庙

是乾隆年间仿宁波天一阁而建的七大皇家藏书楼之一，其中收藏全套的《四库全书》。文津阁的南面有一座方形的亭子，称"曲水荷香"，造型敦厚，不设台基，柱子直接立在崎岖不平的山石上，其间开凿水渠，再现绍兴兰亭曲水流觞的意境（图 2-2A-44）。

图 2-2A-43 文津阁

图 2-2A-44 曲水荷香

平原区

平原区位于湖泊区之北,平面形状接近三角形,东侧是蜿蜒的园墙,西侧是悠悠的长河和连绵的山坡,南侧是曲折坦荡的湖面。区域内东部的万树园(图2-2A-45)多种榆、柳、槐、柏等高大乔木,形成茂密的树林,西部的试马埭则是一片开阔的草地。如意湖北岸修建了四座亭子作为湖泊区和平原区之间的过渡,分别叫莆田丛樾(图2-2A-46)、濠濮间想(图2-2A-47)、莺啭乔木和水流云在(图2-2A-48),其名分别源自古代诗文典籍,造型富有变化,站在不同位置的亭内,向南都可以观水,向北可以欣赏林木和草地。

图 2-2A-45 万树园

图 2-2A-46 莆田丛樾

图 2-2A-47 濠濮间想

图 2-2A-48 水流云在

万树园中除了树林、草地之外，还开辟了农田和菜圃，出产的御稻米质量上乘，不仅可以满足皇帝秋狝期间大队人马的食用所需，还用来赏赐大臣。乾隆年间在万树园的空地上搭建蒙古包，大摆筵席，皇帝居于正中的御幄，随行的大臣以及前来觐见的蒙古、西藏地区的王公、喇嘛和外国使节分居两旁的毡帐，帐前举办各种游乐活动，极为热闹（图2-2A-49）。乾隆五十九年（1794年）八月初十日乾隆帝在万树园大蒙古包正式接见英国马嘎尔尼使团，是中西方交流史上的一件大事（图2-2A-50、图2-2A-51）。

平原区的北端有一座永佑寺（图2-2A-52），前后四进院落，后面仿南京大报恩寺塔修建了一座九层的舍利塔（图2-2A-53），屋檐铺设黄绿两色琉璃瓦，在蓝天的映衬下显得尤为挺拔灵秀。

图2-2A-49 清代宫廷绘画《万树园赐宴图》

图 2-2A-50　乾隆帝在万树园接见英国使团　　图 2-2A-51　英使在大蒙古包内谒见乾隆帝

图 2-2A-52　永佑寺外景

图 2-2A-53　永佑寺舍利塔

山岳区

山岳区占据了全园三分之二的面积，主要由连绵起伏的峰峦组成（图 2-2A-54），基本保持原始的自然风貌，又精心补充种植了大量的观赏树种。四个较高的山峰上各建一亭，成为观赏南山积雪、北枕双峰、四面云山、锤峰落照的最佳驻足点。另外还沿着松云峡、梨树峪、松林峪、榛子峪四条天然沟峪和北山布置了广元宫、斗姥阁、珠源寺、碧峰寺、旃檀林、鹫云寺、水月庵等寺观和碧静堂、秀起堂、山近轩、敞晴斋、澄观斋、宿云檐等景观建筑。这些景点分别依托山地环境展开，层叠错落，手法十分精彩（图 2-2A-55）。

图 2-2A-54 从平原区远眺山岳区　图 2-2A-55　避暑山庄山岳区林木景象

总结：承德避暑山庄全园布局分散，充分利用自然环境，因地制宜，以水景和草木取胜，建筑朴素，空间疏朗，形成了独特的风格。园中的宫廷区是紫禁城的翻版，四周宫墙宛如缩微的长城，湖泊区展现出类似江南水乡的风光，平原区具有塞外草原粗犷豪迈的特色，山岳区则呈现出北方群山的浑厚气势，加上外围藏、汉、蒙风格的外八庙（图2-2A-56～图2-2A-58），将中华大地上最有代表性的自然与人工景貌聚于一园，堪称大清帝国版图的缩影。

图2-2A-56 普宁寺

图 2-2A-57　普陀宗乘之庙

图 2-2A-58　普乐寺旭日阁

155

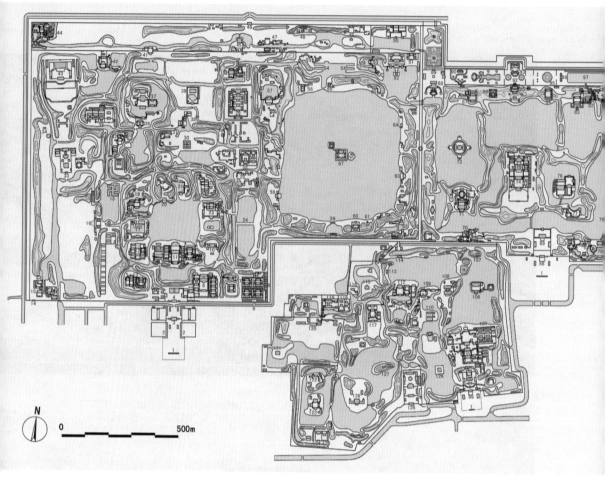

图 2-2B-1　圆明三园总平面图

（一）圆明园：1. 照壁 2. 朝房 3. 圆明园大宫门 4. 出入贤良门 5. 正大光明 6. 勤政亲贤 7. 洞天深处 8. 福园门 9. 如意馆 10. 镂月开云 11. 九洲清晏 12. 茹古涵今 13. 长春仙馆 14. 藻园门 15. 藻园 16. 山高水长 17. 坦坦荡荡 18. 万方安和 19. 杏花春馆 20. 上下天光 21. 慈云普护 22. 碧桐书院 23. 天然图画 24. 九孔桥 25. 曲院风荷 26. 同乐园 27. 买卖街 28. 坐石临流 29. 舍卫城 30. 澹泊宁静 31. 映水兰香 32. 武陵春色 33. 月地云居 34. 刘猛将军庙 35. 日天琳宇 36. 汇万总春之庙 37. 濂溪乐处 38. 水木明瑟 39. 文源阁 40. 西峰秀色 41. 多稼如云 42. 汇芳书院 43. 鸿慈永祜 44. 紫碧山房 45. 鱼跃鸢飞 46. 大北门 47 北远山村 48. 若帆之阁 49. 武圣祠 50. 天宇空明 51. 蕊珠宫 52. 方壶胜境 53. 三潭印月 54. 大船坞 55. 四宜书屋 56. 平湖秋月 57. 廓然大公 58. 澡身浴德 59. 夹镜鸣琴 60. 广育宫 61. 南屏晚钟 62. 别有洞天 63. 接秀山房 64. 涵虚朗鉴 65. 藏密楼 66. 双峰插云 67. 蓬岛瑶台

（二）长春园：68. 长春园大宫门 69. 澹怀堂 70. 茜园 71. 思永斋 72. 小有天园 73. 海岳开襟 74. 含经堂 75. 淳化轩 76. 玉玲珑馆 77. 映清斋 78. 如园 79. 鉴园 80. 大东门 81. 七孔闸 82. 狮子林 83. 丛芳榭 84. 转湘帆 85. 泽兰堂 86. 宝相寺 87. 法慧寺 88. 谐奇趣 89. 万花阵 90. 方外观 91. 海晏堂 92. 观水法 93. 大水法 94. 远瀛观 95. 线法山 96. 螺丝牌楼 97. 方河 98. 线法墙

（三）绮春园：99. 绮春园大宫门 100. 迎晖殿 101. 中和堂 102. 敷春堂 103. 东二所 104. 东南所 105. 蔚藻堂 106. 凤麟洲 107. 浩然亭 108. 涵秋馆 109. 展诗应律 110. 庄严法界 111. 生冬室 112. 春泽斋 113. 会心处 114. 松风萝月 115. 喜雨山房 116. 知乐轩 117. 四宜书屋 118. 延寿寺 119. 清夏斋 120. 含辉楼 121. 招凉榭 122. 绿满轩 123. 畅和堂 124. 河神庙 125. 惠济祠 126. 澄心堂 127. 湛清轩 128. 正觉寺 129. 鉴碧亭

北京圆明三园

圆明园位于北京西郊海淀挂甲屯以北地段，原本是康熙帝第四子胤禛的藩邸赐园，与其他几位皇子的花园同时始建于康熙四十六年（1707 年）。胤禛继位为雍正帝后，在原有基础上大加扩建，构筑了一座庞大的离宫御苑，从雍正三年（1725 年）开始在此园居理政。乾隆帝即位后，两次对圆明园进行了大规模的添建和改建，并先后在东侧和东南侧开辟了长春园和绮春园，又将绮春园以东的熙春园和长春园以北的春熙院纳为附属园林，形成"圆明五园"的格局，设圆明园总管统一管理。

嘉庆年间对绮春园进行了进一步的扩建和改建，使得圆明园达到最鼎盛的境地。嘉庆七年（1802 年）和道光二年（1822 年），春熙院和熙春院被分别赐予庄静固伦公主和惇亲王绵恺，"圆明五园"就此变成了"圆明三园"。道光、咸丰年间对圆明三园仍有局部的增建、改建和修整，但规模相对较小。咸丰十年（1860 年）圆明三园惨遭英法联军焚掠，同治、光绪年间清廷均曾计划重修，但因为耗费过大而中止。三园此后又历经各种劫难，最终彻底沦为废墟，被视为中国近代历史的国耻纪念地。

圆明、长春、绮春三园以倒品字形彼此相连，总面积 350 公顷（图 2-2B-1）。三园外围宫墙总长达 10 公里，设有 19 座园门，园内通过山丘、水系、游廊、围墙的分隔形成各有主题意趣的不同景区，相当于若干园林的集合体，因此被称为"万园之园"。其中修造大小建筑群总计 120 余处，主要以厅堂楼榭等游赏性的景观建筑为主，同时拥有相当数量的宫殿、居所、佛寺、祠庙、戏楼、市肆、藏书楼、陈列馆、船坞等特殊性质的建筑，类型极为丰富，全面展现了清代皇家文化的丰富多彩和宫廷匠师的杰出智慧。

圆明园

圆明园是三园的核心，规模最大，景区最多，乾隆帝于乾隆初年钦定了著名的"圆明园四十景"并一一题诗，宫廷画家唐岱、沈源合作绘制了一套《圆明园四十景》。这套图画当年被法国侵略者劫走，至今仍保存在法国国家图书馆，此外还有若干其他图画、设计图样和老照片传世，成为我们今天领略昔日圆明园胜景主要的图像依据。

圆明园可分为东西两大部分，西部包含宫廷区、前湖、后湖以及后湖以北的景区，东部以福海为中心分布若干景点。由于建设时间漫长，全园整体性较弱，但每一景区都有非常精彩的手笔，值得称道。

西部的宫廷区和前湖、后湖区形成了明显的中轴线。南端设大宫门和二宫门以及朝房、各部值房和茶膳房、药房等生活辅助机构。大宫门内左右两侧分设宗人府、内阁、六部、内务府等各个重要衙门机构的值房。二宫门又名出入贤良门，门前有月牙形的小河环绕，河上架设了三座石拱桥，

图 2-2B-2　正大光明

宫廷侍卫经常站在桥上表演射箭，皇帝在旁边观看。出入贤良门内的七间正殿名为正大光明殿，是四十景中的第一景（图2-2B-2），也是圆明园中最重要的朝会空间，地位相当于紫禁城的太和殿，皇帝园居期间，照例在此举行万寿节朝贺庆典、臣藩筵宴和科举考试。殿左右各有五间配殿，东侧设游廊而西侧不设，故意表现出不完全对称的形式。殿北以剑石叠成大假山寿山，形如屏风。

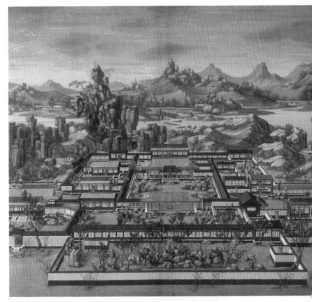

图2-2B-3　勤政亲贤

正大光明殿的东侧是勤政亲贤景区（图2-2B-3），由四组并列的院落组成。最西为五间勤政殿，前出三间抱厦，室内分隔复杂（图2-2B-4），清帝园居期间，一早就在此批阅奏折、

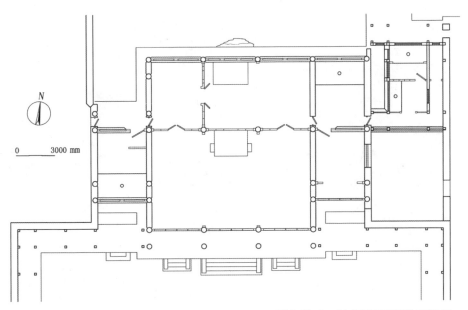

图2-2B-4　咸丰年间圆明园勤政殿平面图

接见大臣，到中午才休息。勤政殿的东面布置飞云轩、怀清芬、秀木佳荫、生秋庭等建筑，皇帝有时在这里进早膳食或办公。再东的一组庭院空间开阔，院里点缀了很多精美的山石，其中前殿为芳碧丛，主殿为保合太和殿，造型类似紫禁城的养心殿，也是皇帝的办公场所，偶尔兼做寝宫。殿后有一座富春楼，与保合太和殿之间以平台游廊相接，形成"工"字形格局。

正大光明殿后有一片湖面，称作前湖，湖北岸即为九洲清晏景区（图2-2B-5），由东、中、西三路复杂的庭院组成，是清帝和后妃生活起居的主要场所（图2-2B-6）。中路沿中轴线坐落着圆明园殿、奉三无私殿、

图2-2B-5 九洲清晏

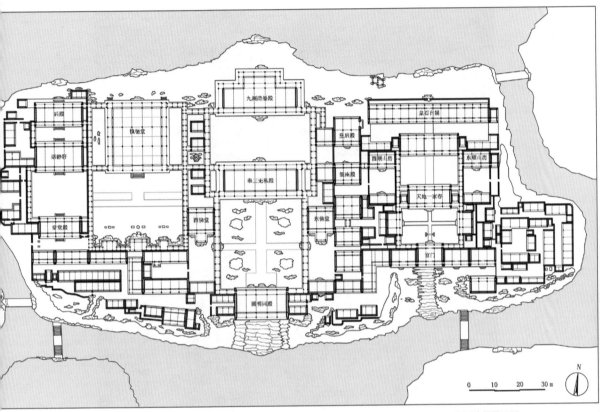

图 2-2B-6 道光十一年（1831 年）圆明园九洲清晏平面图

九洲清晏殿三座殿宇，其中圆明园殿面阔五间，曾经是雍正藩邸赐园时期的正殿，后来改作九洲清晏景区的门殿；奉三无私殿是举办宗室筵宴的场所，两侧建有东西佛堂，作为皇帝的拈香之处。九洲清晏殿面阔原为七间，其北带有五间抱厦，为清帝在圆明园最主要的寝殿，道光年间失火被毁，重建后改为五间殿宇；其东侧的跨院中有三间皇后殿，距离皇帝寝殿很近。东路是嫔妃生活区（图 2-2B-7），从南至北依次布置宫门、天地一家春正殿、七间后殿和十五间泉石自娱殿，咸丰年间慈禧太后做懿妃时就住在正殿中。西路主要构筑了一些书斋和楼阁，道光十一年（1831 年）在此改建了一座三卷五开间的慎德堂，室内布局如迷宫一般复杂（图 2-2B-8），之后道光、咸丰二帝就以此为常住的寝殿。九洲清晏景区承载着帝后的日常生活，改

161

图 2-2B-7　九洲清晏东路建筑立样图

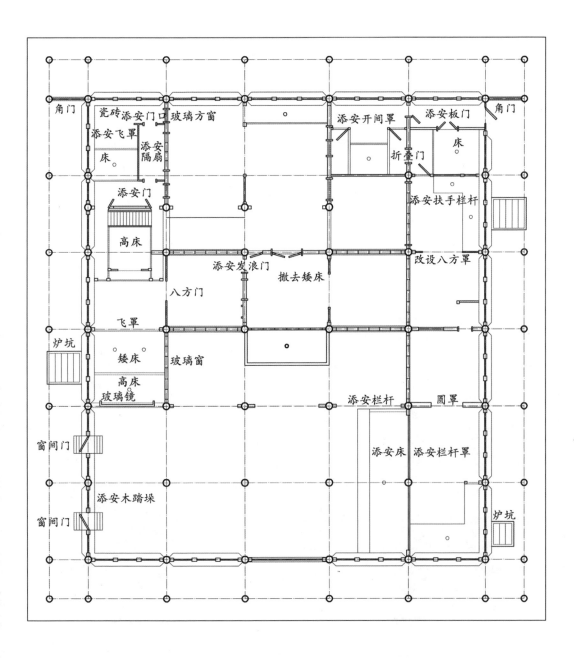

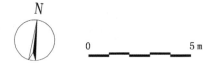

图 2-2B-8 咸丰七年（1857年）圆明园慎德堂内檐装修平面图

建最为频繁，反映了不同时期统治者的个人偏好。

正大光明殿的西侧是长春仙馆（图 2-2B-9），雍正时期皇子弘历曾经在此居住，弘历继位为乾隆帝后将这里改为太后寝宫区。整个景区由较为灵活的院落并联而成，东路设三开间的门殿、五间正殿和五间后殿绿荫轩。西侧院落的前面为三卷殿墨池云，后面为随安室，乾隆帝当皇子时、嘉庆帝做嗣皇帝时都曾在此居住。再西的院落南有含碧堂，堂后为林虚桂静，东面曾有一个名叫抑斋的小阁，用作书屋。

九洲清晏北面的一大片水面是后湖，湖沿岸环列九岛，除了九洲清晏之外，还有镂月开云、天然图画、碧桐书院、慈云普护、上下天光、杏花春馆、

图 2-2B-9　长春仙馆　　图 2-2B-10　镂月开云

坦坦荡荡、茹古涵今八景。这些景致大多在康熙年间就基本建成，雍正继位后另加扩建。镂月开云原名牡丹台（图2-2B-10），位于九洲清晏之东，前殿梁架以珍贵的楠木建成，屋顶铺设蓝绿两色琉璃瓦，周围培植几百株牡丹，灿若云霞，康熙六十一年（1722年）雍亲王胤禛曾经侍奉康熙帝亲临此处赏花，见到皇孙弘历，祖孙三代天子汇聚一堂，传为佳话。镂月开云的北面是天然图画（图2-2B-11），原名竹子院，岛南部开辟了一个水池，池中又筑两个小岛，北部的庭院中种植了大片的竹林，青翠幽雅；为了纪念皇室家族五世同堂，乾隆帝特意将南侧的殿宇题名为"五福五代堂"。再北为碧桐书院（图2-2B-12），原名梧桐院，在四面土山围合之中错落布置几路庭院，院中高大的青桐枝叶繁茂，绿荫满庭。慈云普护位于后湖东北（图2-2B-13），原名洞阁，北侧山湾内建造了一座三层八角形平面的楼阁，第二层南面悬挂了一座西洋进口的"时时如意"大自鸣钟，每逢报时，叮叮作响；其南临水设昭明宇宙楼，楼上供奉观音大士，底层祭祀关帝；再南面西设有一座如祈应祷龙王殿，最南为欢喜佛场，分别供奉龙王和佛祖。慈云普护之西为上下天光（图2-2B-14），临水设二层楼阁，水上架设一条曲折的长桥，宛如长蛇。杏花春馆（图2-2B-15）位于后湖西北，原名菜圃，在杏花丛和菜地周围散落着竹篱茅舍，表现出一派乡村野景的面貌。坦坦荡荡在杏花

图2-2B-11　天然图画
图2-2B-12　碧桐书院
图2-2B-13　慈云普护

165

春馆之南（图2-2B-16），原名金鱼池，辟有一个方形的水池，四面以汉白玉栏杆围合，池中建水榭、方亭和平桥，池中堆叠山石（图2-2B-17），畜养很多珍贵的金鱼，清帝经常在清晨时分来此喂鱼取乐。茹古涵今（图2-2B-18）位于后湖西南，由三路院落组成，中路北侧建有一座正方形平面的两层楼阁韶景轩，体量宏伟，庭院中种了很多珍稀花卉。

勤政亲贤东侧的洞天深处是皇子的生活区（图2-2B-19），分为东西两部分，东面以"田"字形平面布置四所庭院，整齐划一，分供各位年幼皇子居住；西面的建筑用作皇子读书处，其间流水穿插，亭台交错，颇有意趣。

后湖以西有大片空地，东侧堆筑山阜，西侧长河纵贯，在此设有山高水长一景，作为清帝骑马、射箭的场所（图2-2B-20）。主体建筑是二层七间的山高水长楼，每年正月十五前后，在楼前搭建大蒙古包（图2-2B-21），场景类似避暑山庄万树园，同时还摆设花灯，燃放烟火，大摆宴席，举行各种娱乐表演（图2-2B-22），蒙古王公、外

图2-2B-14　上下天光
图2-2B-15　杏花春馆
图2-2B-16　坦坦荡荡

图 2-2B-17　坦坦荡荡金鱼池遗址　图 2-2B-18　清代张若霭绘圆明园茹古涵今景象

图 2-2B-19　洞天深处

图 2-2B-20　山高水长

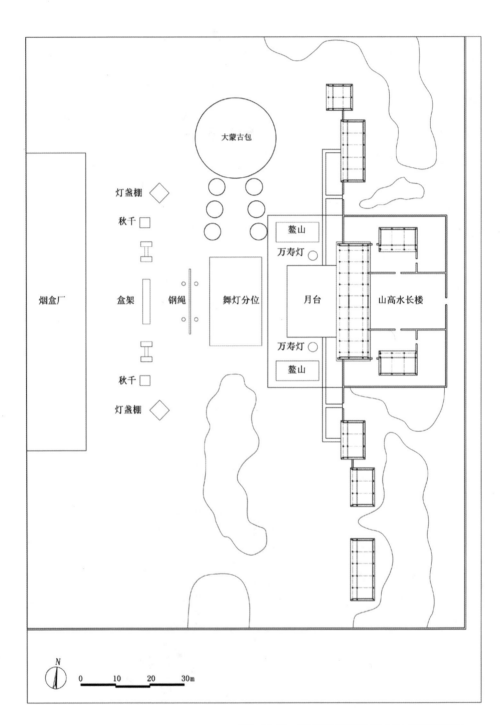

大蒙古包

灯盏棚

秋千

盒架 钢绳 舞灯分位

烟盒厂

秋千

灯盏棚

鳌山

万寿灯

月台 山高水长楼

万寿灯

鳌山

N

0 10 20 30m

图 2-2B-21 道光年间圆明园山高水长大蒙古包平面图

图 2-2B-22　山高水长景区娱乐表演景象

国使节以及朝廷重臣欢聚一堂，是清廷最重要的节日仪典之一。山高水长
西南的藻园是一个独立的小园，建筑密集，其中设有船坞。

　　后湖之北散布着万方安和、武陵春色、月地云居、濂溪乐处、水木明瑟、
日天琳宇、汇芳书院等近景区，水面以分散为主。万方安和是一座"卍"字
形的建筑（图 2-2B-23），居于水面之上，以独特的平面形式寓意"天下太平"。
武陵春色再现了东晋陶渊明《桃花源记》中的世外桃源之景（图 2-2B-24），
平时需要乘船沿着桃花夹岸的溪流，穿过一个 8 米深的石洞才能进入其中，
见到朴素的农家小院，体验湖中天地的乐趣。武陵春色西侧的月地云居又
名清净地（图 2-2B-25），是一座大型佛寺，南设山门，门内左右为钟鼓楼，
正中位置建正方形平面的重檐攒尖顶大殿妙证无声，殿后以两座八角形坛
殿供奉密宗佛像和金刚像，之北为后殿，最北为后楼莲花法藏。月地云居

图 2—2B—23　万方安和　　　　　　　　　　　图 2—2B—24　武陵春色

图 2—2B—25　月地云居　　　　　　　　　　　图 2—2B—26　鸿慈永祜

图 2-2B-27 汇芳书院

图 2-2B-28 多稼如云

西北的鸿慈永祜又名安佑宫（图2-2B-26），与景山寿皇殿一样属于皇室祖庙性质，格局端严，殿堂高峻，红墙黄瓦，古柏森森，与圆明三园其他建筑风格差异很大，正殿九间，采用重檐歇山顶，其中供奉历代清帝画像，后世皇帝园居期间定期来此参拜。安佑宫东侧设汇芳书院（图2-2B-27），其东建有一座弧形的眉月轩，造型很特别。汇芳书院东北的多稼如云拥有大片的荷塘和稻田（图2-2B-28），极有田园风味。汇芳书院南侧的日天琳宇又名佛楼（图2-2B-29），并列设置了四组殿宇，西部三路主要供奉佛像，同时还祭祀玉皇大帝、关帝和太岁，最东一路的瑞应宫供奉龙王和雷神。日天琳宇东面的濂溪乐处在一片圆形池塘中堆筑一岛，岛上建前殿慎修思永和后殿知过堂，东侧水面上浮起一个游廊环绕的跨院，夏日池中荷花盛开，香气四溢（图2-2B-30）。乾隆年

图 2-2B-29 日天琳宇

图 2-2B-30 濂溪乐处旧照

间在池南岸增建了一座汇万总春之庙，俗名花神庙，格局模仿杭州西湖花神庙。

往北有多处空地开辟了稻田，其间建造了一座"田"字形的建筑，俗称"田字房"，景名为"澹泊宁静"（图2-2B-31）。其西的映水兰香设有观稼轩、稻香亭、多稼轩，都以农田为主题。其北的水木明瑟（图2-2B-32）临水建平台，曲池中畜养游鱼，雍正年间另在一条溪流上建造了三间风扇房，室内以西洋水法装置推动翎毛风扇，可供皇帝在此纳凉避暑。水木明瑟北面的庭院中建有藏书楼文源阁（图2-2B-33），与紫禁城文渊阁、避暑山庄文津阁一样，都以宁波天一阁为蓝本，采用两层六开间的形式，院中辟水池，池中央竖立了大型湖石玲峰。

图2-2B-31　澹泊宁静

图2-2B-32　水木明瑟

图2-2B-33　文源阁立样图

曲院风荷（图2-2B-34）位于后湖东侧，南部辟为大片水面，水中遍植荷花，中央横亘一座九孔长桥，桥东西两端各竖一座牌坊，北面小岛上布置一组建筑。后湖的东北侧为坐石临流景区（图2-2B-35），范围较广，雍正年间仿浙江绍兴兰亭在西部蜿蜒曲溪之上修建了一座重檐方亭，乾隆年间改建为八角形的石柱亭，每根柱子上分别刻有《兰亭序》的一种摹本（图2-2B-36）；东部设有同乐园大戏楼，主体建筑清音阁共分三层，用作戏台，阁北为观戏殿，是清帝与后妃、大臣看戏的场所。大戏楼西侧有一条长长的买卖街，两边设有各种店铺，吃喝穿用应有尽有，每逢正月十五前后开市，以太监扮演店员，皇帝、嫔妃和宠臣光顾购物，热闹之极；其北的舍卫城是一座大型佛寺，仿《金刚经》中提到过的古印度舍卫国，四周建城墙，南北西三面建城门，格局严谨，中轴线上布置寿国寿民殿、仁慈殿和普福宫。舍卫城北侧的西峰秀色（图2-2B-37）在一个大岛上布置格局灵活的大小院落，西路含韵斋是一座三卷建筑，北面临水建有长长的船房岚镜舫，与跨水敞厅花港观鱼相接；西面对岸假山耸秀，形如江西庐山，称"小匡庐"，以西洋水法引水形成瀑布。

图2-2B-34　曲院风荷　　　　　图2-2B-35　坐石临流

图 2-2B-36　兰亭八柱
图 2-2B-37　西峰秀色

图 2-2B-38　紫碧山房遗址

圆明园的北部以虎皮石墙分隔出狭长的一区。西北角堆有全园最高的假山紫碧山房，象征着昆仑山（图 2-2B-38）。西峰秀色之北的鱼跃鸢飞景区跨水建造了一座正方形平面的楼阁（图 2-2B-39），与长河、村舍、林木相依，景致富有生气。鱼跃鸢飞东侧的北远山村在河两岸设有鳞次栉比的村舍（图 2-2B-40），以北部的大片稻田为背景。再东的若帆之阁以楼阁、耕云堂、碧澜亭等建筑临水而居，其东数十步另建武圣祠和土地庙。东北角的小景区名为天宇空明，南临河流，北倚园墙，登上其中的清旷楼，可以俯瞰园外的大片农田。

圆明园东部的大湖形状接近正方，水波澄净，象征着东海，定名为"福海"，湖中央筑有三岛，一大二小，形成模拟海上仙

图 2-2B-39　鱼跃鸢飞　　　　　图 2-2B-40　北远山村

山的蓬岛瑶台之景（图2-2B-41）。福海周围散布着平湖秋月、涵虚朗鉴、接秀山房、别有洞天、夹镜鸣琴等景区，彼此各据水面，岗阜回萦，形状曲折。北岸的平湖秋月（图2-2B-42）北依土山，南接福海，松散地点缀了一些楼阁、水榭、亭轩，其中有一座重檐方亭高居石台之上，悬挂"两峰插云"匾额（图2-2B-43）。涵虚朗鉴（图2-2B-44）位于福海东北岸，建筑疏朗，南端有一座三间小轩面西而立，悬"雷峰夕照"匾额。涵虚朗鉴以南为接秀山房（图2-2B-45），嘉庆年间在南部改建了一座三卷五间大厅观澜堂，道光帝特别喜欢这座建筑，后来在九洲清晏景区模仿此堂形制建造了寝宫慎德堂。福海东南岸的别有洞天又名秀清村（图2-2B-46），围绕着曲折的水面布置各种形式的建筑，竭

图 2-2B-43　两峰插云亭旧照

图 2-2B-41　蓬岛瑶台　　　　　　　　　图 2-2B-42　平湖秋月

图 2-2B-44　涵虚朗鉴

图 2-2B-45　接秀山房

图 2-2B-46　别有洞天

尽错落之势，很有江南山村水乡的韵味，雍正帝在位时曾经在此秘密烧制丹药，乾隆时期在此建造了一座石舫，至今基座犹存（图2-2B-47）。夹镜鸣琴位于福海南岸（图2-2B-48），主体建筑是一座亭桥，南北两侧临水，如夹明镜之中；其东侧山巅建有一座广育宫，坐南朝北，正殿供奉主生育的女神碧霞元君，宫中的后妃、公主经常来此祭拜求子。福海西南岸的澡身浴德临水设有几组建筑（图2-2B-49），格局分散，每年五月端午节期间，福海中照例举办龙舟表演，清帝经常光临本景区的澄虚榭和望瀛洲亭观赏

图 2-2B-47　别有洞天石舫基座

图 2-2B-48　夹镜鸣琴

图 2-2B-49　澡身浴德

龙舟。澡身浴德北面的廊然大公景区规模较大（图2-2B-50），中央辟有形态近方的水池，池南建廊然大公正堂和双鹤斋，与大片柳树相依，池东的方亭采芝径中供奉吕洞宾和柳仙、仙童，池北模仿无锡寄畅园堆叠假山，山下点缀峭茜居、妙远轩，池西有规月桥、澹存斋、静佳轩（图2-2B-51）。

涵虚朗鉴的北侧是方壶胜境（图2-2B-52），其名源自东海三山中的方丈，规模宏伟，由9座重檐楼阁和3座重檐亭子组成"山"字形平面，屋面铺设黄、蓝、绿各色琉璃瓦，梁枋彩画绚丽，下部砌筑汉白玉栏杆和台基，恍若琼楼玉宇，是圆明三园中最华丽的一组建筑；东侧的蕊珠宫是一个独立的院落，用作临时寝宫；西侧建有三潭映月小景区，以游廊串联一组建筑，

图2-2B-50 廊然大公

水中仿杭州西湖筑有三座小石塔。四宜书屋景区（图 2-2B-53）位于三潭映月之西、平湖秋月之北，格局简单，乾隆二十年（1755 年）遭遇火灾，乾隆帝南巡后下旨在此改建了一座安澜园，格局模仿浙江海宁陈氏园，其东设有两座大型船坞，用于贮藏各式游船。

图 2-2B-51　廓然大公烫样

图 2-2B-52　方壶胜境

图 2-2B-53　四宜书屋

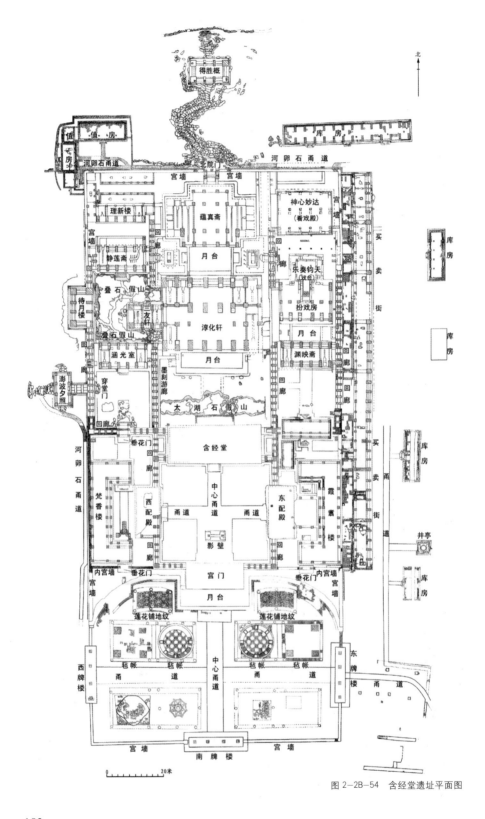

图 2-2B-54 含经堂遗址平面图

长春园

圆明园东侧的长春园建于乾隆十年（1745年）至乾隆二十四年（1759年）间，主体部分以洲、岛、桥、堤将一个大水域划分为若干水面，建有澹怀堂、含经堂、淳化轩、玉玲珑馆、思永斋、海岳开襟、茜园、如园、鉴园、狮子林诸景，山水建筑彼此呼应，浑然一体。

长春园南侧建有宫门，其北设有一道牌坊门，门内建五间正殿澹怀堂，尺度明显小于圆明园的正大光明殿，东西设配殿各五间，殿后建有一座方形的众乐亭。此堂是清帝赐宴外藩王公的另一处重要场所。

含经堂位于长春园中央位置（图2-2B-54），是全园规模最大的一组建筑，也是乾隆帝精心打造以备退位后养老闲居的寝宫，地位类似紫禁城中的宁寿宫。此组建筑采用东、中、西三路并列的格局，中路南侧设五间宫门（图2-2B-55），门前竖立三座牌楼，门内为七间含经堂正殿，原为单檐歇

图 2-2B-55 含经堂遗址现状

山顶，后来改成重檐歇山顶，等级很高。殿后含经堂的形制与紫禁城宁寿宫的乐寿堂很相似，面宽七间，进深三间，室内设有东西暖阁和二层仙楼。轩前庭院中布置取自太湖的奇石和移自天台山的奇松，还有两株梅花，直接栽种在地上，以花罩遮蔽，是北方极为罕见的花木之景。院两侧回廊中镶嵌根据北宋《淳化阁帖》重新镌刻的石碑，展现了历代名家书法的风姿。淳化轩的北面是七间蕴真斋，前出五间抱厦，后出三间抱厦。西路南部设梵香楼，楼内供奉佛像、佛塔；往北过垂花门、涵光室，可来到一个形态曲折的院落，庭中叠石参差，院东紧贴淳化轩建有一座三友轩，因为室外栽种松竹梅、室内又安设松竹梅图案的大玻璃而得名；院北为理心楼，西为待月楼。东路南部有一座霞翥楼，楼中贮藏《四库全书荟要》。北侧为

图 2-2B-56 长春园小有天园叠石遗址

渊映斋，再北为扮戏房和乐奏钧天戏楼，最北处安设神心妙达看戏殿。整组建筑的东侧还布置了一排铺面房，与圆明园同乐园西侧的买卖街性质类似。

含经堂东侧岛屿上设有玉玲珑馆，其中包含正谊明道、林光含碧、鹤安斋、澹然书屋等建筑，还设有西洋水法。玉玲珑馆南侧的映清斋是一组书斋建筑。含经堂西南大岛上建有思永斋院落，主体建筑是一座前后七间的"工"字形平面大殿，其北以游廊环绕一个八角形平面的水池，池北建冷然阁；东部五间林屋的北侧有一个小院，其中堆叠假山，以模仿杭州南屏山慧日峰，还以一组锡铸的建筑模型模拟南屏山下的汪氏小有天园（图 2-2B-56）。海岳开襟位于思永斋北侧水面的圆台上，圆台直径约 90 米，建有一圈游廊，

中央为三层楼阁，比拟仙山楼台。

　　长春园四周沿水岸分散布置了一系列的景区。西南岸上的茜园是一座很有江南韵味的园中园，空间曲折，又从大湖中引水为池，池上架设曲桥和过河廊，西部院中竖立的大型湖石青莲朵来自杭州德寿宫遗址。西岸的得全阁又名天心水面，面东向湖而立，其南北两侧分别建有宝云楼和远风楼。北岸从西往东依次为法慧寺、宝相寺、泽兰堂、转湘帆，规模都不大，东北岸的狮子林仿自苏州同名园林（图2-2B-57），西部环绕水池设清淑斋、

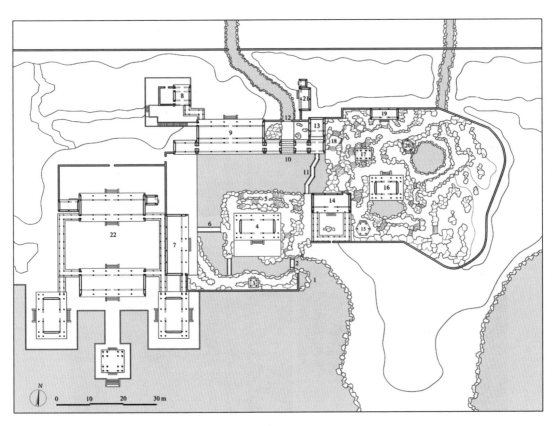

图 2-2B-57　长春园狮子林平面图

1. 狮子林石匾 2. 入口水关 3. 占峰亭 4. 清淑斋 5. 磴道 6. 虹桥 7. 横碧轩 8. 探真书屋 9. 清閟阁 10. 过河厅 11. 藤架 12. 水关 13. 小香幢 14. 纳景堂 15. 缭青亭 16. 延景楼 17. 凝岚亭 18. 假山 19. 云林石室 20. 吐秀亭 21. 值房 22. 丛芳榭

185

虹桥、清闷阁等建筑，东部堆叠假山（图 2-2B-58），山间布置云林石室、延景楼、纳景堂，整体格局与苏州狮子林高度相似（图 2-2B-59）。西南岸还有两处写仿江南园林的园中园，一为鉴园，以扬州趣园为原型；一为如园（图 2-2B-60），以江宁瞻园为原型。

图 2-2B-58 长春园狮子林遗址

图 2-2B-59 华宜玉绘长春园狮子林景致

图 2-2B-60 华宜玉绘长春园如园景致

长春园的北部有一片特殊的西洋楼景区（图2-2B-61），平面呈"T"字形，其中包含谐奇趣、方外观、养雀笼、海晏堂、远瀛观、大水法、观水法等建筑和大量的喷泉、雕塑、植物，由供职于宫廷的欧洲传教士郎世宁、王致诚、蒋友仁等与中国匠师合作设计完成，主要表现为欧洲18世纪巴洛克与洛可可建筑风格，兼采中国传统建筑手法，是中国皇家园林中首次大规模仿建西方园林与建筑的重要实例。首先建成的谐奇趣（图2-2B-62）位于西部，以三层水法殿为主楼（图2-2B-63），左右以弧形游廊连接两座八角亭，楼前辟有海棠形的喷泉水池（图2-2B-64）。其北为黄花阵，仿欧洲园林中的迷宫，以砖墙分隔成复杂的路径，中央建有一座西式穹顶八角亭（图2-2B-65）。东侧的养雀笼（图2-2B-66）实际上是一座西式穿堂门，门内库房中畜养孔雀等各种观赏鸟类。再东的方外观是一座二层小楼（图2-2B-67），两侧设弧形楼梯通往二楼，室内设置刻有阿拉伯文字的石碑，传说是乾隆帝所宠爱的维尔族香妃的礼拜场所，其对面建有五座竹亭（图2-2B-68）。

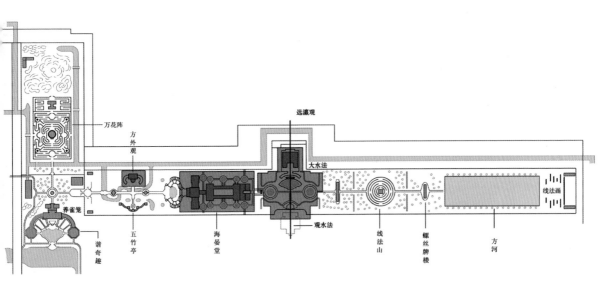

图 2-2B-61　长春园西洋楼建筑群平面图

图 2-2B-62　谐奇趣遗址

图 2-2B-63　谐奇趣北面铜版画

图 2-2B-64　谐奇趣南面铜版画

图 2-2B-65　黄花阵铜版画

图 2-2B-66　养雀笼铜版画

图 2-2B-67 方外观铜版画

图 2-2B-68 五座竹亭铜版画

　　方外观东侧的海晏堂是西洋楼组群中规模最大的一座建筑（图 2-2B-69 ~ 图 2-2B-72），西部为十一间水法楼，东部为蓄水楼（图 2-2B-73），同时在西面设大型喷泉水池，池岸竖立十二生肖铜首坐像，按十二时辰顺序依次喷水，近年来经常引起社会关注的拍卖会上的"圆明园铜兽首"就来自这里（图 2-2B-74）。中央位置沿南北中轴线设观水法、大

图 2-2B-69 海晏堂西面铜版画

图 2-2B-70 海晏堂南面铜版画

图 2-2B-71 海晏堂北面铜版画

图 2-2B-72 海晏堂东面铜版画

图 2-2B-73　海晏堂蓄水楼遗址

图 2-2B-74　海晏堂十二生肖兽首之猪首

图 2-2B-75　观水法铜版画

图 2-2B-76　观水法遗址

水法和远瀛观三处景观，其中观水法是一座石屏风，面北背南，前设宝座，供清帝在此欣赏喷泉（图2-2B-75~图2-2B-76）；大水法依托一座巨大的西洋石龛，前设椭圆形水池，池中的梅花鹿和池边的铜狗、铜兽可一起喷水，左右另有两座十三层的喷水塔，水花四溅，蔚为壮观（图2-2B-77）；远瀛观采用倒"凹"字形平面，面宽十一间，梁柱拱券雕饰精美，中央圆卷中刻有时钟图案（图2-2B-78、图2-2B-79）。大水法东侧的线法山是一个圆形的土台，以黄绿琉璃矮墙围合出盘山小道，可供清帝骑马登山，东西两侧各建一门，其中东门俗称"螺蛳牌楼"（图2-2B-80），造型很复杂，上刻军旗、盔甲、刀箭。东端的方河是一个长方形的水池（图2-2B-81），其东岸南北对称竖立七道石墙，呈"八"字形，墙上悬挂西洋油画，称"线法画"，具有深远的透视感，成为一道特殊的布景（图2-2B-82）。

这座西洋楼的建筑密度很大，以集锦的方式展示了各种欧式楼阁、亭台、喷泉的形象，植物修建整齐，与中国传统园林风貌迥异，反映了清代帝王猎奇的心理，艺术成就有限，却是18世纪中西方文化交流的重要例证。

图2-2B-77 大水法铜版画
图2-2B-78 远瀛观铜版画
图2-2B-79 大水法与远瀛观遗址

图 2-2B-80　线法山东门铜版画

图 2-2B-81　方河遗址

图 2-2B-82　线法画铜版画

绮春园

绮春园位于长春园之南，乾隆年间在合并了一系列王公大臣的赐园的基础上扩建而成，因此表现为若干小型园林的集锦，通过曲折的大小水面与连绵的山冈构成松散的整体。园内设有敷春堂、清夏斋、涵秋馆、生冬室、四宜书屋、凤麟洲、含辉楼、澄心堂、湛清轩等近30处建筑群。嘉庆年间加以进一步的扩建，道光、咸丰年间主要用作太后、太妃的园居之所。同治间慈禧太后试图重修圆明三园时，将绮春园改称为万春园，预备用作自己的养老之地，还曾经亲自勾画设计草图，但是未能重建完成。

绮春园东南侧设大宫门（图2-2B-83）和二宫门，门内为五间正殿迎晖殿，原名勤政殿，东西设有配殿，其北为七间后殿中和堂。中和堂以北地

图2-2B-83　复建的绮春园大宫门

段为寝宫区，其核心建筑为"工"字形平面的敷春堂（图2-2B-84），前后各五间，中间以穿堂连接，曾用作嘉庆帝的临时寝殿，道咸时期为太后寝殿。敷春堂周围院落交错，格局灵活，设有集禧堂、凌虚阁、协性斋、澄光榭、

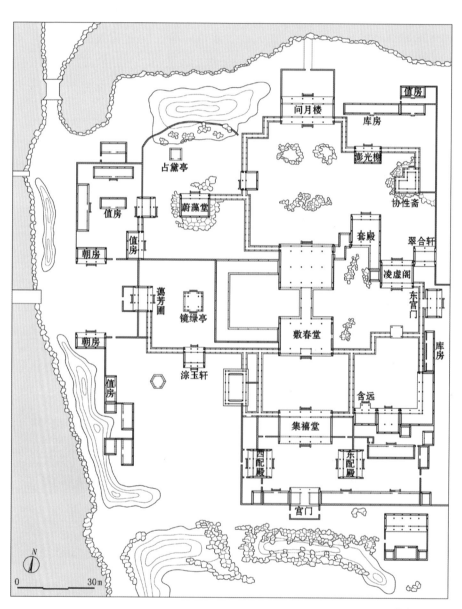

图 2-2B-84　敷春堂平面图

问月楼、蔚藻堂、镜绿亭、蔼芳榭、淙玉轩等建筑。其东的东二所和东南所均由若干并联的院落组成，主要供一些太妃、公主和已故王爷的福晋居住。

敷春堂西侧水面上的鉴碧亭是一座重檐方亭，现已在原址重建（图 2-2B-85），附近尚存一处石拱桥的遗址（图 2-2B-86）。迎晖殿东侧的小岛上建有心镜轩，周围岸边点缀了一些水榭、亭子。敷春堂北侧的水面称作东湖，湖中筑一大一小两个岛屿，名为"凤麟洲"，被嘉庆帝誉为"避暑最佳处"。东湖西岸涵秋馆的主体建筑是前后两座七间殿宇，二者之间以两条游廊串联，围合成庭院，院中辟有方形小池。

涵秋馆西侧的展诗应律、庄严法界都是小庭院，再西的春泽斋包含三路院落，南邻曲池，北倚后湖。南侧的生冬室由 30 多间房屋拼合成曲尺形平面，室内建有戏台，清代的太后、太妃有时

图 2-2B-85　复建的鉴碧亭
图 2-2B-86　绮春园石拱桥遗址

在此聆听学戏的幼童表演"小人戏"。生冬室的西面是四宜书屋，格局规整，用作太妃寝宫。西北隅另有松风萝月、喜雨山房、知乐轩等点景建筑。再西的延寿寺是一座佛寺，又名竹林院，由山门、前殿吉祥云海、后殿妙观察智和东西配殿组成。延寿寺的西面是清夏斋（图 2-2B-87），原名西爽村，是

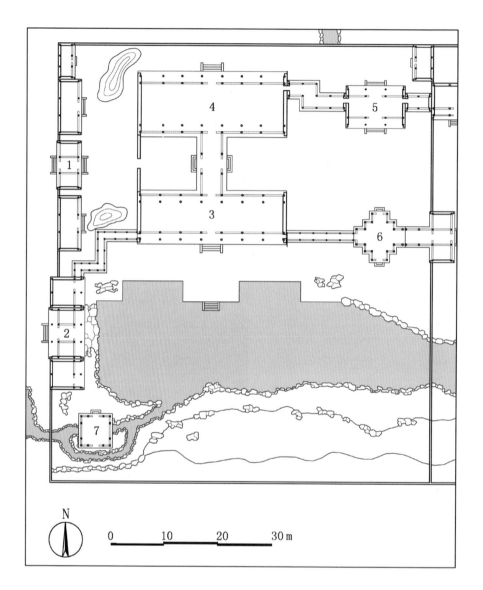

图 2-2B-87　清夏斋平面图

1. 悦心园旧门 2. 正门 3. 清夏斋前殿 4. 清夏斋后殿 5. 镜虹馆 6. 天临海镜 7. 寄情咸畅

乾隆帝第十一子、著名书法家成亲王永瑆的赐园,嘉庆四年(1799 年)归入绮春园范围,其主体建筑是一座"工"字形平面的殿堂,还设有一个流杯亭。

清夏斋的南侧地段旧名含晖园,嘉庆初年曾经赐予庄敬和硕公主,公主去世后又重新收归绮春园，一度改称南园，并将位于西爽村的含晖楼移建于此，前临马道，嘉庆、道光二帝均曾在此骑马、射箭，并亲自检阅皇子、王公、侍卫表演各自的骑射技艺。含晖楼西南侧的岛屿上设招凉榭，南侧水面又筑南北二岛，南为畅和堂，北为绿满榭，南岸并列设有两座小庙，东为惠济祠，西为河神庙，均模仿清江浦（今属江苏淮安市）的同名庙宇形制。

绮春园水系较为分散（图2-2B-88），假山多以青石与土山相间叠成（图2-2B-89）。南部水面称南湖，中央大岛上建有澄心堂，采用"山"字形平面，北侧设东西配殿。对面的湖岸上有云漪馆，东北侧的小岛上另建湛清轩。园南侧中央位置有一座独立的喇嘛庙，名为正觉寺，山门直接开在绮春园外墙上，门内为五间天王殿，左右分设钟鼓楼，其北为七间正殿三圣殿，殿内供奉楠木雕刻的三世佛像；再北为重檐八角形的文殊亭，最

图2-2B-88 绮春园河道遗址　　　　　　　　图2-2B-89 绮春园假山遗址

北为七间最上楼。这组建筑幸运地躲过了历次大劫，山门（图 2-2B-90）、
文殊亭（图 2-2B-91）等部分建筑一直幸存至今，近年来得到重修，复建了
钟鼓楼、重檐大殿（图 2-2B-92）、最上楼（图 2-2B-93）等建筑，是圆明
三园除西洋楼遗址之外唯一保存相对完整的建筑群。

图 2-2B-90　正觉寺山门　　　　　　　　　图 2-2B-91　正觉寺文殊亭

图 2-2B-92　复建后的正觉寺重檐大殿北立面　　　图 2-2B-93　复建后的正觉寺最上楼

总结：圆明园及其附园中包含大量相对独立的主题景区，山水之清佳、建筑之丰富、花木之繁盛，令人叹为观止。这些景观继承了秦汉以来皇家园林中的各种造园题材，又仿建了全国各地大量的园林和山水美景，还经常搭建蒙藏风格的毡帐，并且营造了一组西洋楼建筑群，集中展现了清代园林艺术和建筑艺术的方方面面，宛如一部古典园林的百科全书。今天的圆明三园只剩下少量的残垣断壁和大量的旧基废墟与颓山剩水可供凭吊，昔日的盛况难以想象，留给世人无限的遗憾和反思。

北京颐和园

颐和园位于北京西北郊，是清代建造的一座大型皇家园林，东距圆明园不远，西邻玉泉山。所在地段原有一座瓮山，山下泉流汇成的湖泊称"瓮山泊"，明代改名为西湖，水中种植荷花、蒲苇，湖边构筑堤坝，周围还开辟了广阔的水田，逐渐成为游人如织的名胜风景区。乾隆十四年（1749年）冬天，朝廷对北京西北郊的水系开展了大规模的整治工程，重点是加挖西湖以形成容量更大的蓄水库。乾隆十五年（1750年），乾隆帝借"为太后祝寿"的名义，将瓮山改名为万寿山，西湖改名为昆明湖，兼做水军训练基地，同时在治水工程的基础上开始进一步改造山形水系，动工建造大型御苑，次年将这座新园定名为"清漪园"。乾隆二十九年（1764年）全园基本建造完成，与香山静宜园、玉泉山静明园合称为"三山行宫"。

乾隆帝在营建清漪园的时候，完全以杭州西湖为蓝本，对昆明湖和万寿山进行全面修整，拓宽湖面，加高山形，使得全园的山水格局成为西湖的最佳翻版，同时也形成了"衔山抱水"的特殊形态。万寿山东部被加高后，还特意向南拐出一段，好像要把水面兜住；昆明湖由西向北延伸，又在万寿山的后山开辟出一条狭长的后溪河，把整个山峰环抱在水中。全园山水灵秀，楼台壮丽，兼有雄浑和清幽之美，被公认为清代艺术水准最高的一座皇家园林（图2-2C-1）。

咸丰十年（1860年）英法联军入侵，清漪园遭到惨重破坏，除了少数建筑、

图 2-2C-1 乾隆年间清漪园总平面图

1. 东宫门 2. 二宫门 3. 勤政殿 4. 茶膳房 5. 文昌阁 6. 知春亭 7. 进膳门 8. 玉澜堂 9. 夕佳楼 10. 宜芸馆 11. 怡春堂 12. 乐寿堂 13. 含新亭 14. 赤城霞起 15. 养云轩 16. 乐安和 17. 餐秀亭 18. 长廊东段 19. 对鸥舫 20. 无尽意轩 21. 意迟云在 22. 写秋轩 23. 重翠亭 24. 千峰彩翠 25. 转轮藏 26. 慈福楼 27. 大报恩延寿寺 28. 罗汉堂 29. 宝云阁 30. 邵窝 31. 云松巢 32. 山色湖光共一楼 33. 鱼藻轩 34. 长廊西段 35. 听鹂馆 36. 画中游 37. 湖山真意 38. 石丈亭 39. 浮青榭 40. 寄澜堂 41. 石舫 42. 蕴古室 43. 小有天 44. 延清赏 45. 西所买卖街 46. 旷观堂 47. 荇桥 48. 五圣祠 49. 水周堂 50. 小西泠(长岛) 51. 宿云檐 52. 北船坞 53. 如意门 54. 半壁桥 55. 绮望轩 56. 看云起时 57. 澄碧亭 58. 赅春园 59. 味咸斋 60. 构虚轩 61. 绘芳堂 62. 嘉荫轩 63. 妙觉寺 64. 通云 65. 北宫门 66. 三孔桥 67. 后溪河买卖街 68. 后溪河船坞 69. 须弥灵境 70. 云会寺 71. 善现寺 72. 云辉 73. 南方亭 74. 花承阁 75. 云绘轩 76. 昙花阁 77. 延绿轩 78. 惠山园 79. 霁清轩 80. 东北门 81. 耶律楚材祠 82. 二龙闸 83. 铜牛 84. 廓如亭 85. 十七孔桥 86. 广润桥 87. 鉴远堂 88. 望蟾阁 89. 南湖岛 90. 凤凰墩 91. 绣漪桥 92. 柳桥 93. 景明楼 94. 藻鉴堂 95. 畅观堂 96. 练桥 97. 镜桥 98. 玉带桥 99. 治镜阁 100. 桑苧桥 101. 延赏斋 102. 耕织图 103. 蚕神祠 104. 耕织图船坞 105. 界湖桥 106. 青龙桥

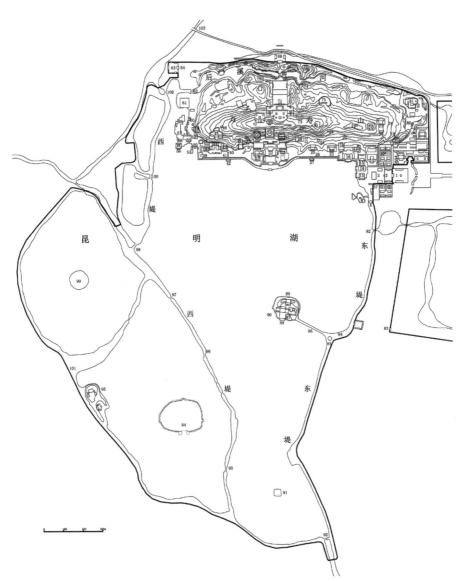

图 2-2C-2　光绪年间颐和园总平面图

1. 东宫门 2. 仁寿门 3. 仁寿殿 4. 奏事房 5. 电灯公所 6. 文昌阁 7. 耶律楚材祠 8. 知春亭 9. 杂勤区 10. 东八所 11. 茶膳房 12. 德和园 13. 玉澜堂 14. 夕佳楼 15. 宜芸馆 16. 乐寿堂 17. 永寿斋 18. 扬仁风 19. 赤城霞起 20. 含新亭 21. 荟亭 22. 福荫轩 23. 养云轩 24. 意迟云在 25. 无尽意轩 26. 长廊东段 27. 对鸥舫 28. 写秋轩 29. 重翠亭 30. 千峰彩翠 31. 转轮藏 32. 介寿堂 33. 排云殿 34. 佛香阁 35. 智慧海 36. 宝云阁 37. 清华轩 38. 邵窝 39. 云松巢 40. 山色湖光共一楼 41. 长廊西段 42. 鱼藻轩 43. 贵寿无极 44. 听鹂馆 45. 画中游 46 湖山真意 47. 西四所 48. 承荫轩 49. 石丈亭 50. 寄澜堂 51. 清晏舫 52. 小有天 53. 延清赏 54. 临河殿 55. 荇桥 56. 五圣祠 57. 小西泠（长岛）58. 迎旭楼 59. 澄怀堂 60. 宿云檐 61. 北船坞 62. 半壁桥 63. 如意门 64. 德兴殿 65. 绘芳堂 66. 妙觉寺 67. 通云 68. 北宫门 69. 三孔桥 70. 后溪河船坞 71. 香岩宗印之庙 72. 云会寺 73. 善现寺 74. 云辉 75. 多宝塔 76. 景福阁 77. 益寿轩 78. 乐农轩 79. 自在庄 80. 谐趣园 81. 霁清轩 82. 二龙闸 83. 新宫门 84. 铜牛 85. 廓如亭 86. 十七孔桥 87. 广润祠 88. 鉴远堂 89. 涵虚堂 90. 南湖岛 91. 凤凰墩 92. 绣漪桥 93. 柳桥 94. 藻鉴堂 95. 畅观堂 96. 练桥 97. 镜桥 98. 玉带桥 99. 治镜阁 100. 豳风桥 101. 西宫门 102. 界湖桥 103. 青龙桥

景点幸存之外，绝大多数都被焚掠殆尽。光绪年间，清廷再次以"为太后祝寿"和"训练水军"的名义对清漪园进行全面重修，并将园名改为颐和园，以强调太后"颐养天年"、"乐寿冲和"的寓意（图2-2C-2）。慈禧太后和光绪帝在园中长期居住并进行朝典、处理政务，颐和园的性质也从原先的行宫升格为离宫御苑，地位相当于康熙时期的畅春园和雍正至咸丰五朝的圆明园。

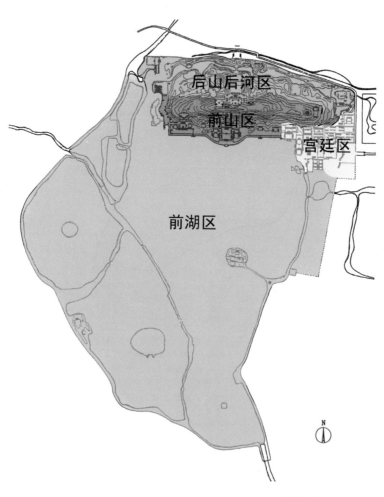

图 2-2C-3　颐和园分区示意图

图 2-2C-4 颐和园旧照

颐和园基本上是在其前身清漪园的遗址上复建而成的结果，原有的山水格局没有变化，少量残留的建筑依旧保留，大量的建筑在原有的台基上按照原样重建，但细节上也有不少差异。全园占地面积大约295公顷，分成宫廷区、前山区、前湖区和后山后河区四个部分（图 2-2C-3），主要景致均围绕万寿山和昆明湖展开，是清代御苑中把天然山水和人工创造巧妙融为一体的最佳范例（图 2-2C-4）。

宫廷区

宫廷区位于万寿山东南侧的平地上，由相对独立的若干殿堂院落组成（图 2-2C-5、图 2-2C-6）。正门东宫门（图 2-2C-7）坐西朝东，门前有一座影壁，弯弯的金水河从影壁前流过。宫门外设有南北朝房，门内设有两排九卿办公用房。二门仁寿门采用牌坊门式样（图 2-2C-8），庭院西侧正中是七间仁寿殿（图 2-2C-9），由乾隆时期清漪园的勤政殿演变而来，室内设有宽阔的宝座，当年慈禧太后与皇帝并坐于此接见大臣。殿中还悬挂了 9 块匾额，其中宝座上方那块写的是"寿协仁符"四字（图 2-2C-10）。南北两侧设有配殿，庭院中种植成行的松柏，还从残破的圆明园和其他王

图 2-2C-5　颐和园宫廷区鸟瞰

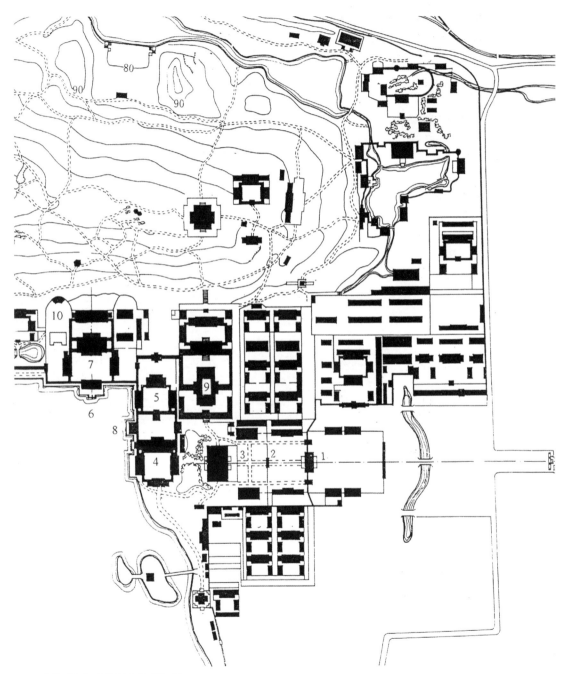

图 2-2C-6　颐和园宫廷区平面图

1. 东宫门 2. 仁寿门 3. 仁寿殿 4. 玉澜堂 5. 宜芸馆 6. 水木自亲 7. 乐寿堂 8. 夕佳楼 9. 德和园 10. 扬仁风

图 2-2C-7　颐和园东宫门　　　　　　　　　　图 2-2C-8　仁寿门

图 2-2C-9　仁寿殿　　　　图 2-2C-10　仁寿殿明间室内

府花园移来几块秀丽的湖石安置于此（图 2-2C-11）。

　　仁寿殿的后面筑有一座大假山，具有障景的作用，以免视线一览无余。从山间的一条弯曲的小径转到西边，就来到内寝区域。内寝区域变为南北朝向，其中东侧的两组院庭是玉澜堂和宜芸馆，西路的一组庭院为乐寿堂。

　　玉澜堂在乾隆时期地位并不重要，皇帝偶尔在此办公或者吃饭，但在光绪时期成为皇帝的正式寝宫（图 2-2C-12）。院北设正殿五间，殿前后又分别伸出三间抱厦，靠近后窗位置设有皇帝的宝座，当年光绪帝曾经夸赞说"此堂明爽胜宫中"，意思是这里比紫禁城养心殿显得更敞亮一些。两侧的厢房分别叫霞芬室和藕香榭，后院建了一座夕佳楼，傍晚时分可以在此欣赏夕阳映照昆明湖的美景（图 2-2C-13）。

图 2-2C-11　仁寿殿前院落中的湖石陈设

图 2-2C-12　玉澜堂

图 2-2C-13　夕佳楼与藕香榭

玉澜堂的后面紧接着的两进院子就是宜芸馆（图 2-2C-14）。"芸"是一种香草，可以插在书中防止虫蛀，所以古代也把书籍称作"芸编"，乾隆时期的宜芸馆是一处书房，所以起了这个名字。光绪时期把这组庭院用作隆裕皇后的寝宫，庭院东边的屋子是光绪帝另一位妃子瑾妃的住所。

宜芸馆西边的乐寿堂按照乾隆时期的原样重建，南面临水设门殿水木自亲（图 2-2C-15），北为正殿七间，前后分别伸出五间和三间抱厦，尺度比玉澜堂和宜芸馆都要大得多（图 2-2C-16）。殿内用碧纱橱分隔成不同的房间，陈设复杂（图 2-2C-17），南侧的窗户都镶嵌着精细的淡蓝色玻璃，下半截用高丽纸遮掩；中央设置了一面巨大的穿衣镜，后部设有柚木制造的四扇屏风，前面设置太后的宝座床，造型就像一个长炕，以方便太后随时休息。殿西侧有一间佛堂，中间供奉坐在莲花上的观音菩萨；东侧是慈禧的卧室，卧室后有一个大房间，用作太监和宫女值班的场所（图 2-2C-18）。庭院两厢为"舒华布实"、"仁以山悦"两座五开间穿堂，堂后设有一进狭长的院落，院北为一座九开间的后罩殿。正院左右还带有跨院，其西设有小花园"扬仁风"（图 2-2C-19）。这一带的院墙都采用江南常见的白粉墙，墙上开设了很多形状各异的漏窗，在宫殿建筑的华贵气质之外又表现出一定的淡雅风格。

图 2-2C-14　宜芸馆　　　　　　　图 2-2C-15　水木自亲

图2-2C-16　乐寿堂正殿　　图2-2C-17　乐寿堂正殿内景

图2-2C-18　慈禧太后在乐寿堂正殿前留影　　图2-2C-19　扬仁风

　　乐寿堂院子里种着大棵的玉兰、海棠、牡丹，还有紫藤、芍药、玉簪，从春到秋都呈现出一派繁花似锦、姹紫嫣红的景象。院子中央有一块巨大的湖石，名叫"青芝岫"，姿态不凡。明代著名文人米万钟在北京远郊的房山发现了这块石头，打算运回自己的花园中，由于石头太大，运送困难，米万钟把家产都花光了也只运到良乡，最终只好放弃，此石由此得名"败家石"。乾隆年间以皇家的雄厚财力将大石运入清漪园，安置在乐寿堂正殿前（图2-2C-20）。

　　光绪年间在宫廷区的东北面原怡春堂的基址上扩建了一座德和园大戏楼。这组新建筑包含四进院子，规模完全可以与紫禁城畅音阁、圆明园同乐

图 2-2C-20　乐寿堂正殿前青芝岫　　　图 2-2C-21　德和园大戏楼三层戏台

图 2-2C-22　德和园大戏楼底层天花板

园和避暑山庄清音阁这三大戏楼并驾齐驱而毫不逊色。位于核心位置的大戏楼共有三层（图2-2C-21），总高度达到22米，上、中、下各层分别叫福台、寿台、禄台，名称很吉祥。每一层都挂了一块匾额，从下到上分别写着"欢胪荣曝"、"承平豫春"、"庆演昌辰"，都是鼓吹祥和安乐、粉饰太平的意思。楼板中央设有天井（图2-2C-22），当演出神话大戏的时候，演员扮的天兵天将可以从天而降，还可以通过机关布景喷水、喷火、洒雪花、制造特殊音响，体现逼真的特技效果，非常热闹。大戏楼的南面设有两层的扮戏楼，演员在此化妆、准备、退场（图2-2C-23）。大戏楼正对面的颐乐殿是看戏殿（图2-2C-24），台基比戏楼的底层台基要高出22厘米，这样可以保证三层戏台全部尽收观众眼底。太后的宝座就设在当中一间，室内陈设很精致（图2-2C-25）。颐乐殿的后面还有五间后罩殿，皇室成员看戏看累了，可以过来更衣、休息。颐乐殿的东西两厢的廊子则是王公大臣们陪同看戏的地方。

图 2-2C-23　德和园扮戏楼
图 2-2C-24　颐乐殿
图 2-2C-25　颐乐殿内景

前山区

万寿山东西长 1000 米，南北最宽处有 120 米，山高 60 米左右，从南北方向看比较陡峭，从东西方向看则显得比较平缓（图 2-2C-26）。前山景区主要位于万寿山的南坡，山脚下最南一侧沿着昆明湖的湖岸设置一条漫长的长廊（图 2-2C-27），从乐寿堂西的邀月门（图 2-2C-28）开始，一直向西伸展到石丈亭，共 273 间，全长达到 728 米。这是中国古典园林中最长的一段廊子，1990 年被载入《吉尼斯世界纪录》。廊子中间依次点缀着留佳（图 2-2C-29）、寄澜（图 2-2C-30）、秋水、清遥四座亭子，象征一年四季，好像是飘带上的四个纽扣，成为悠长路线上的分节停顿点；两头还对称建有对鸥舫、鱼藻轩，向南延伸至湖岸边缘，体现出与湖水的亲密关系。廊东西两端笔直，靠近万寿山中央位置的一段则变成弯曲的弧线，显得非常灵活。长廊的梁枋上绘有 14000 多幅苏式彩画，内容大多是民间传说、神话故事、历史人物、戏剧场景、山水风光、花鸟鱼虫等等，色彩艳丽，富有民俗气息（图 2-2C-31）。

图 2-2C-26　颐和园前山景区鸟瞰

图 2-2C-27　颐和园长廊

图 2-2C-28　邀月门

图 2-2C-29　留佳亭

图 2-2C-30　寄澜亭内部装饰

图 2-2C-31　长廊彩画《白蛇传》

213

乾隆年间在万寿山的中央建有一组宏伟的大报恩延寿寺，光绪年间重建时改为排云殿建筑群，由南到北形成一条庄严的中轴线（图2-2C-32）。宫门前临湖开辟了一片广场作为前导空间，上面建了三座牌楼（图2-2C-33），还设置了高大的旗杆作为标志。门前左右排列的十二块湖石来自畅春园废墟，一对大铜狮子则来自圆明园。门内在渐次升高的各层台地上建造殿堂，第一进院子的东西两侧建了云锦、敷华两座配殿，地位相当于大殿外的朝房；第二进院子的南侧设置了二宫门，门内北侧为正殿排云殿，进深很大，采用汉白玉台基，屋顶为重檐歇山形式，铺设黄色琉璃瓦，显得特别高大华丽（图2-2C-34）。此殿进深很大，因为万寿庆典期间慈禧太后要在此短暂居住，殿内特别做了复杂的隔断（图2-2C-35）。排云殿的北面一层台地上建有德辉殿，地位相当于后罩殿。东西两侧跨院中分别设介寿堂和清华轩，庭中种满花木，很有宁静的生活气息。

图2-2C-32 排云殿建筑群屋顶鸟瞰

图 2-2C-33 透过牌楼看排云门　　　　图 2-2C-34 排云殿　　　　图 2-2C-35 排云殿内景

　　再北是更高的台地，上面建有一座宏伟的佛香阁（图 2-2C-36），作为整个万寿山的标志建筑和高潮所在。乾隆帝最初想在这个位置模仿杭州六和塔建造一座九层佛塔，不料快完工时塔身突然坍塌。乾隆帝声称自己很担心这次工程事故是上天对他大兴土木的警告，于是将剩余的塔身全部拆除，在此重新建造了一座佛香阁。此阁曾被英法联军烧毁，光绪时期完全按照原样重建。佛香阁位于一个四面围廊的方形院子正中，采用八角形平面，外观共设四层屋檐（图 2-2C-37），体量雄伟宽阔，比瘦高的宝塔显得气派得多，而且正好位于万寿山山腰的较高处，与最高的山脊之间还有一段距离，使得整个楼阁就像是坐在一把太师椅上，沉稳安详，与山形完美地结合在一起，南面又有大片湖水映衬，展现出清代皇家园林中最出色的一个图景（图 2-2C-38）。登临其上，可以俯瞰昆明湖的浩渺烟波乃至整个西北郊的山水风光。阁底层供奉一尊千手观音鎏金铜像，是明朝的遗物（图 2-2C-39）。

　　佛香阁东西两边又各有一个独立的院子，其中建筑屋顶都覆盖着黄绿两色相间的琉璃瓦，是乾隆时期少数幸存的原构。东边的院子坐落在山石围合的台地上，两厢各建一座八角形的重檐楼阁，中央是三层的转轮藏（图 2-2C-40），里面设有贮藏佛经的木塔；西边院子同样位于山石环绕的台地上，四面各建一座配殿，四角位置各立一座重檐方楼，中央有一座黄

图 2—2C—36　佛香阁与德辉殿南立面图

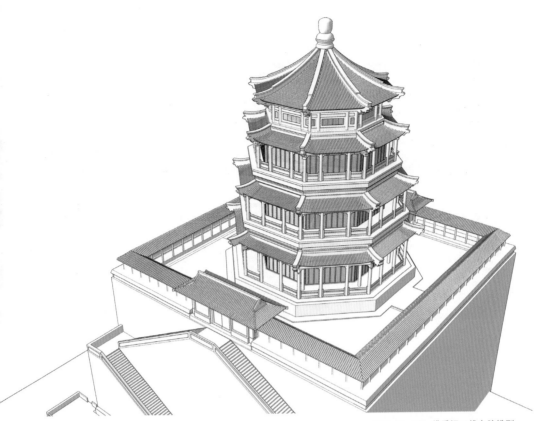

图 2-2C-37　佛香阁三维电脑模型

图 2-2C-38　佛香阁雄姿

图2-2C-39 佛香阁底层千手观音铜像    图2-2C-40 转轮藏庭院

铜铸造的宝云阁（图2-2C-41），重量达到207吨，阁内供奉释迦牟尼佛。宝云阁院落平面体现的是佛教密宗曼荼罗的神秘图形，中央的铜阁和四面的配殿、四角的方楼分别象征着佛祖和众菩萨的位置。

佛香阁的上面还有两层高台，通过崎岖的山石磴道往上攀登，迎面是一座大型琉璃牌坊"众香界"（图2-2C-42）。牌坊共分为三间，全部用砖石修砌，每间以白色石头砌筑一个拱券门洞。墙身下部为红色，上部以彩色琉璃装饰，象征着充满香气的佛国净土。山顶最高处修建了一座五间重檐大殿智慧海（图2-2C-43），全部用砖构筑而成，没有使用中国传统的梁、柱等木材构件，因此俗称"无梁殿"，殿内中央位置供奉观音菩萨，文殊、普贤两位菩萨居于两侧。外墙全部以黄、绿、紫、蓝各色琉璃装饰，极为炫目。其中包含着1008个小佛龛，每个龛内雕刻一尊小佛像，屋脊也用琉璃刻成各种卷草图案，非常华丽，以浓墨重彩的方式为前山建筑群画上灿烂的最后一笔（图2-2C-44）。咸丰十年（1860年）英法联军焚掠清漪园时，众香界和智慧海因为其砖石琉璃质地而未被烧毁，一直幸存下来，但智慧海墙面上的很多佛像都被砸坏头部。

图 2—2C—41　宝云阁

图 2—2C—42　众香界

图 2—2C—43　众香界智慧海　　图 2—2C—44　智慧海侧面

清漪园时期在万寿山山脊的最东端曾经修建过一座昙花阁，光绪年间重建时没有恢复原来的样式，而是改建了一座平面为"十"字形的单层建筑，定名为"景福阁"（图2-2C-45）。此处位置十分优越，最宜向南观赏昆明湖、南湖岛和十七孔桥，在阴雨天气很有朦胧淡雅的境界，月明之际则更有爽净旷达之气。景福阁东侧的山坡上还有三组小建筑，北为益寿堂院落，南为自在庄，东为乐农轩。其中益寿堂是大型的北方四合院式样，而自在庄和乐农轩则很像乡间的农舍酒肆，表现出一定的山村情趣。

图2-2C-45 景福阁

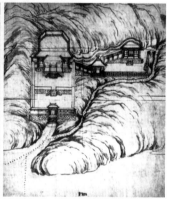

图2-2C-46 邵窝样式雷图样

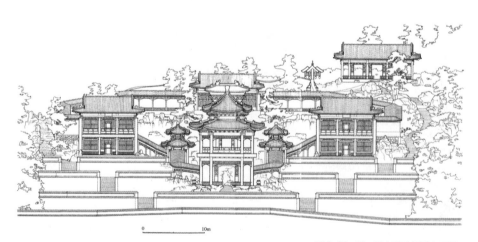

图2-2C-47 画中游建筑群立面图

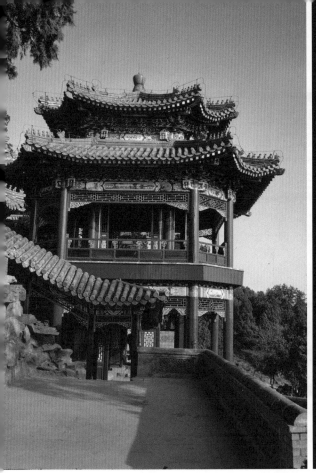

图 2-2C-48　画中游楼阁侧面　　　　图 2-2C-49　画中游西南方向框景

　　在万寿山南坡偏西处有一个小园林叫"邵窝"（图 2-2C-46），模拟北宋大学者邵雍在故乡辉县苏门山所建的住宅"安乐窝"，设有前后两个小院子，东引垂花门，中间建了一座平台，台上是三间厅堂，格局很清雅，向南可以很方便的远眺昆明湖，视野开阔。

　　万寿山的西部转折处设有画中游景区（图 2-2C-47），位置高出湖面30多米，视野很开阔，其主体建筑是一座八角形的楼阁（图 2-2C-48），不设台基，柱子直接立在凹凸不平的山石上，登上二楼，四方八面都以柱子和横楣构成完整的画框，依次看去，便形成八幅远近宽窄各不相同的画面（图 2-2C-49、图 2-2C-50），清澈的湖面、隐隐的青山、挺秀的宝塔、

图 2-2C-50　画中游西望玉泉山　　　　图 2-2C-51　画中游近观山石小亭　　　　图 2-2C-52　听鹂馆庭院景致亭

崎岖的山石（图 2-2C-51）、长长的石桥，无一不呈现完美的构图。画中游周围布置澄辉阁、爱山楼、借秋楼三座建筑，彼此以爬山游廊串连一体，能够从不同高度、不同视角充分欣赏周围的风景。

　　画中游西南侧山脚下有一个名叫"听鹂馆"的小戏园（图 2-2C-52），传说当年乾隆帝曾经在此客串演过戏。光绪时期重建后把戏台设在南面（图 2-2C-53），对面建了五间正房作为看戏殿。慈禧太后经常在这里看看小戏，有时候还即兴作画。

　　昆明湖西北角临近岸边的水面上建有一座清晏舫，造型模仿江南画舫。光绪年间重修时在石舫基座上建了一座大型的西洋式楼房（图 2-2C-54），柱子、栏杆都雕刻得很华丽，还装饰着玻璃镜子，并在下面的船舷上增加了轮子的形象，造型宛如新式的西洋轮船。

图 2-2C-53　听鹂馆戏楼鸟瞰

图 2-2C-54　清晏舫

前湖区

昆明湖位于万寿山南侧，以大片的水面与长堤、岛屿相间，格局最为疏朗开阔（图2-2C-55），湖上四时、四季的景致极富变化。清晨霞光万丈，水波清澈（图2-2C-56）；白天明湖滉漾，山色倒映；傍晚夕阳高照，湖面镀金（图2-2C-57）；夜间碧波涵月，上下辉映。淡雅的阴天、清朗的晴天（图2-2C-58）、朦胧的雨天（图2-2C-59）、洁白的雪天都能在湖上呈现一派佳景。春天桃柳夹岸，夏天浓荫照水，秋天红叶飘落，冬天枯枝挂雪，每个季节都赋予昆明湖以独特的诗意。特别在冬季，属于江南气候的杭州西湖极少结冰，而北国的昆明湖则有很长的冰期，寒冬时节可在冰上行走或者乘坐一种特制的冰床，辽阔的湖面就像水晶铺就的大镜子，令人目眩神离。当年乾隆帝经常乘龙舟在湖上游览，晚清时期的帝后除了龙舟之外，还有两条德国制造的小火轮可坐，反映了时代的变迁。

图 2-2C-55 颐和园前湖景区鸟瞰

中国皇家园林

图 2-2C-56 昆明湖晨光

图 2-2C-57 昆明湖暮色

图 2-2C-58 昆明湖晴光

图 2-2C-59 昆明湖雨色

图 2-2C-60　颐和园西堤风光　　　　　　　　图 2-2C-61　柳桥

图 2-2C-62　镜桥　　　　　　　　　　图 2-2C-63　玉带桥

昆明湖北岸为万寿山，东岸北侧建有文昌阁城关，其南立有镇水铜牛；南岸与西岸都比较空旷，沿岸多种柳树和桃树，西岸还种了不少桑树，并在此设《耕织图》石刻。

昆明湖的西侧构筑了一道长长的西堤，位置、走向几乎与西湖的苏堤一模一样，而且同样在堤上筑有六座石桥以作串连（图2-2C-60）。光绪年间这六桥的名称由南之北分别为柳桥（图2-2C-61）、练桥、镜桥（图2-2C-62）、玉带桥（图2-2C-63）、豳风桥（图2-2C-64）、界湖桥（图2-2C-65），其中玉带桥和界湖桥是石拱桥，其余四座均为亭桥，桥上分别建了四种不同造型的亭子，体现了微妙的变化。

湖上除长堤之外，还有三大二小五座岛屿，其中南

图2-2C-64 豳风桥

图2-2C-65 界湖桥

湖岛、藻鉴堂和治镜阁三座大岛象征着传说中的蓬莱、方丈、瀛洲三仙山，刚好分别坐落在长堤划分的三块湖面中心位置，彼此遥相呼应。

南湖岛靠近东岸，通过一座长长的十七孔桥与东岸相连。桥长150米，宽8米，共有17个拱洞（图2-2C-66），全部用汉白玉砌成，两端桥头蹲

图 2-2C-66　十七孔桥

图 2-2C-67　十七孔桥桥头石狮

图 2-2C-68　廓如亭

立着 4 个石狮子（图 2-2C-67），神态各异。桥东建了一座八角重檐的廓如亭（图 2-2C-68），体量特别硕大，内外一共用了 3 圈共 40 根柱子支撑，规模几乎相当于一座楼阁，与超长的十七孔桥组成颇为和谐的一对。南湖岛东西宽 120 米，南北宽 105 米，平面接近圆形（图 2-2C-69），象征着满月，沿岸装设汉白玉栏杆，岛西和岛南各建一座牌楼，南部有一座供奉龙王的广润祠（图 2-2C-70），北部堆筑土山，乾隆年间在山冈上仿武昌黄鹤楼的样式修建了一座三层的望蟾阁（图 2-2C-71），嘉庆年间改为单层的涵虚堂。此处正对万寿山，是欣赏前山胜景的最佳位置。

藻鉴堂岛是昆明湖中面积最大的一个岛，近似半圆形，南部建了有游廊围合的庭院，最南侧又伸出两个方亭子架在水中，院中还设了一个方形池塘，形成水中有岛，岛中又有水的格局。

治镜阁岛完全是一个圆形的石台，台上建了一圈圆形的围廊，中央是一座二层楼阁，底层各突出一间，造型与长春园中的海岳开襟十分相似（图 2-2C-72）。

图 2-2C-69　南湖岛侧影

图 2-2C-70　南湖岛广润祠大门

图 2-2C-71　乾隆年间《崇庆太后万寿盛典图》中的望蟾阁景象

图 2-2C-72　治镜阁旧照

湖上另外两个小岛都靠近东岸。南侧的凤凰墩也采用圆形平面，上面建了一座凤凰楼，又叫会波楼，是整个园林南端重要的观景点。北侧的小岛严格来说可以分成两个更小的岛，彼此之间用一座小桥连为一体，又用一座石板桥与东岸相连，岛上建有一座重檐的方亭，名叫"知春亭"（图2-2C-73），在亭中向北可近观对面不远处的玉澜堂、夕佳楼和乐寿堂的门殿水木自亲，向南可远眺南湖岛、西堤、凤凰墩，向西则面临渺渺的水面和更远处的西山，视野很好。

昆明湖西北的一片水域比较狭长，中间有一座长岛，仿西湖孤山起名叫"小西泠"（图2-2C-74），但这里的水面形状更像扬州的四桥烟雨。乾隆年间沿着这一带曲折的水岸布置了一条西所买卖街，模仿江南水乡地区"前街后河"的格局（图2-2C-75）。从这里穿过一座宿云檐城关（图2-2C-76），就可绕到后山，城关上建造了一座六角形的楼阁，里面供奉关帝，与昆明湖东岸的文昌阁（图2-2C-77）遥相呼应。

图2-2C-73　知春亭

图2-2C-74　小西泠

图 2-2C-75　乾隆年间《崇庆太后万寿盛典图》中的西所买卖街

图 2-2C-76　宿云檐城关　　　图 2-2C-77　文昌阁

后山后河区

后山后河指的是万寿山的北坡以及山脚与北宫墙之间所夹的一条后溪河（图2-2C-78）。这一带山形陡峭曲折，山水紧密相连，空间狭长而幽远，与前山、前湖的开敞辽阔形成鲜明的对比（图2-2C-79）。整条后溪河在将近1000米的河道上展开，每当遇到平缓的地带就把水面放宽，遇到陡峭险峻的山崖就将水面收缩，还在每个段落的节点处都架设了一座小桥，将河道一共分成六个段落，演绎出起伏不定、宽窄不一的节奏变化。山上另有东桃花沟和西桃花沟两条涧流潺潺而下，与后溪河汇合在一起，水声清越，在山谷中回响，更添灵动的意境。

乾隆时期的清漪园在后山山坡和后河沿岸以分散的方式修建了若干景区，都是巧妙结合山水地形的宜人小筑，例如绮望轩（图2-2C-80）、构虚轩（图2-2C-81）、赅春园（图2-2C-82）、嘉荫轩（图2-2C-83）、妙觉寺、云会轩（图2-2C-84）等，大都已经不存，只留下台基供人凭吊，但身临其境，依稀可以感受到每一处的环境特色和幽静气息。

图2-2C-78　颐和园后山后河景区鸟瞰　　图2-2C-79　绿荫掩映后溪河

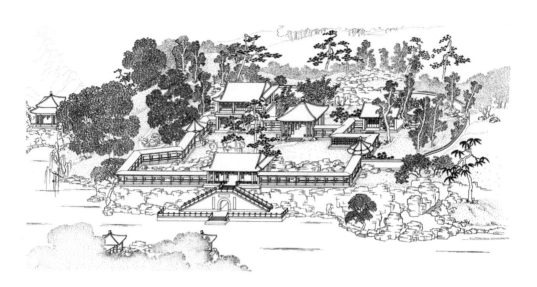

图 2-2C-80 绮望轩复原鸟瞰图

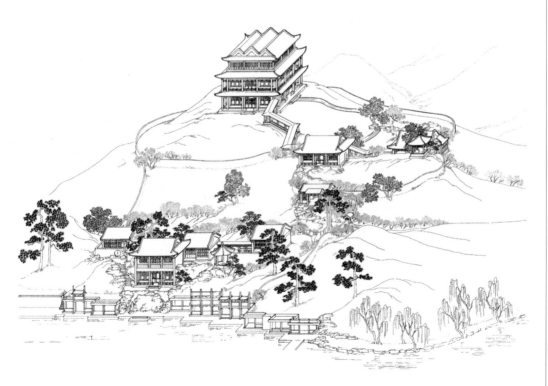

图 2-2C-81 构虚轩复原鸟瞰图

图 2-2C-82　赅春园复原鸟瞰图

图 2-2C-83　嘉荫轩复原鸟瞰图

图 2-2C-84 云会轩复原鸟瞰图

　　后溪河中段设有另一条买卖街（图 2-2C-85），俗称"苏州街"，全长 270 米，采用"两街夹一河"的形式，直接在后河的南北两岸设置店铺，每家店铺门前到水面只保留很窄的一段通道，更强调河从街心穿越的"水街"感觉。沿岸设了好几处码头，船行河中，在两边的市肆之间游来荡去，随时可停靠在某家店前。这条水街弯曲别致，恍如江南水乡，但所有的店铺造型却是典型的北方商业建筑样式，其台基一直保存完好，20 世纪 90 年代重建铺面房屋，成为颐和园中深受游客喜爱的一处景点。

　　水街中央架了一座三孔石桥（图 2-2C-86），向北直通北宫门（图 2-2C-87）。这座宫门采用城门楼的造型，比较雄伟，买卖街的东西两端又分别有寅辉关（图 2-2C-88）和通云关（图 2-2C-89）两座城门，俨然在城墙围合当中。

235

图 2-2C-85 后溪河买卖街重建后的景象

图 2-2C-86 后溪河上三孔石桥

图 2-2C-87　颐和园北宫门

图 2-2C-88　寅辉关

图 2-2C-89　通云关

　　后山中央位置建有主体建筑须弥灵境。这是一座藏式风格的大型佛寺，始建于乾隆二十三年（1758 年）（图 2-2C-90），与承德外八庙中的普宁寺的北半部格局相似，均以西藏古刹桑耶寺为蓝本，核心建筑是一座香严宗印之阁，居于 10 米高的大红台上，象征世界中央的须弥山，周围环列布置象征四大部洲、八小部洲的佛殿和象征太阳、月亮的日殿（图2-2C-91）、月殿（图2-2C-92）以及象征佛教智慧的黑、白、绿、红四色塔（图2-2C-93~图2-2C-96）。此寺在咸丰十年（1860年）遭到英法联军破坏，光绪年间没有完全按照原样重建，景致大为逊色（图2-2C-97）。

后山东侧的花承阁院落整体坐落在一个直径约60米的半圆形高台上，中央位置设小佛寺"莲座盘云"，正殿内供奉观音菩萨像，周围沿着半圆形的台地边缘构筑了弧形的游廊，前面则建了一个小牌楼作山门（图2-2C-98）。东侧的六兼斋位于高台上，西侧的花承阁则是一座东西向的小楼。西南角的塔院中设有一座八角形平面的七层多宝塔，高18.6米，完全用各种颜色的琉璃制成，黄绿金白红俱全，在周围重重绿荫的掩映下显得更加绚丽夺目（图2-2C-99）。

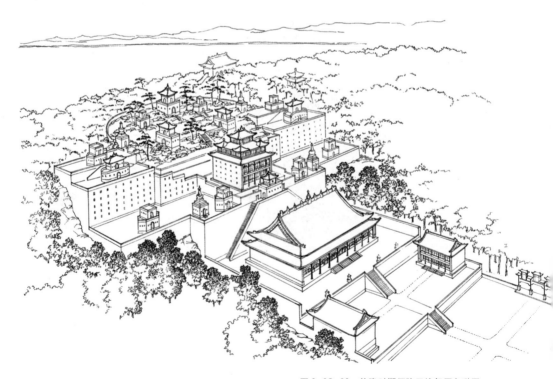

图 2-2C-90　乾隆时期须弥灵境复原鸟瞰图

中国皇家园林

图 2-2C-91　须弥灵境日殿

图 2-2C-92　须弥灵境月殿

图 2-2C-93　须弥灵境黑塔

图 2-2C-94　须弥灵境白塔

图 2-2C-95　须弥灵境绿塔

图 2-2C-96　须弥灵境红塔

图 2-2C-97　须弥灵境现状

图 2-2C-98 花承阁复原鸟瞰图

　　万寿山东侧、后溪河尽端有一座名为"谐趣园"的园中园，原名惠山园，乾隆年间模拟无锡寄畅园而建,嘉庆年间加以扩建,咸丰十年(1860年)被毁,光绪年间又予以重建，格局与初建时有所不同，但仍保持原来的基本结构（图 2-2C-100）。此处环境与无锡惠山脚下有几分相似，又从后溪河中引来一股活水，比拟无锡惠泉。园门位于西南隅，面西，园南部开辟曲折的水池，环绕水池修建游廊，将厅堂榭亭连为一体（图 2-2C-101）。西岸建澄爽斋（图 2-2C-102）、瞩新楼，南岸建引镜、知春亭，东部建洗秋、饮绿、澹碧（图 2-2C-103），池岸水湾之间还架设了一座名叫"知鱼桥"的长桥，桥北端建有石牌坊（图 2-2C-104）；北岸有五间涵远堂（图 2-2C-105），其东为兰亭、知春堂（图 2-2C-106）。北部以青石堆叠假山，构成平冈造型，山间设有曲径，格调清幽（图 2-2C-107）。谐趣园的北侧还有一个叫"霁清轩"的小院，其婉约小巧的风格也接近江南园林（图 2-2C-108）。

241

图 2-2C-99　花承阁七宝琉璃塔

　　总结：整个颐和园并非圆明园那种由很多松散的景区组成的集锦式花园，而更像是一部首尾连贯、情节紧凑的大戏，包含前奏、铺垫、转折、高潮、结束，从始至终承传起合，一气呵成，令人叫绝。四个部分的空间各有特色：宫廷区以平地建筑院落为主，规整严谨；前山区以平缓的山坡和大型楼阁、殿堂取胜，巍峨华丽；前湖区以大片水面和长堤、岛屿、桥梁为主，疏朗澄明；后山后河区以曲溪、山崖和体量较小的寺院、小园林以及各种零散的厅堂亭榭为主，展现的是蜿蜒深远的意境。同时四个部分又能有机地串连为和谐的整体，共同以山水、楼台和花木演绎出一组无比美丽的风景名胜。

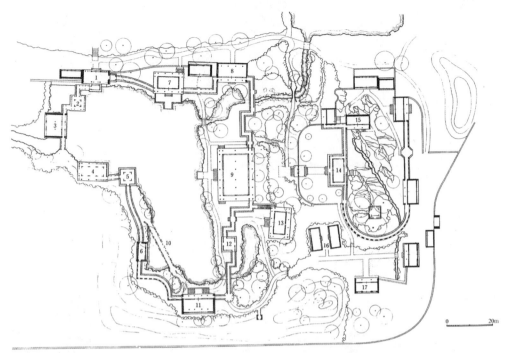

图 2-2C-100　光绪年间谐趣园平面图

1. 谐趣园宫门 2. 知春亭 3. 引镜 4. 洗秋 5. 饮绿 6. 澹碧 7. 澄爽斋 8. 瞩新楼 9. 涵远堂 10. 知鱼桥
11. 知春堂 12. 兰亭 13. 湛清轩 14. 霁清轩 15. 清琴峡 16. 酪膳房 17. 军机处

图 2-2C-101　谐趣园鸟瞰

图 2-2C-102　谐趣园水池西岸澄爽斋　图 2-2C-103　谐趣园水池东南岸洗秋与饮绿

图 2-2C-104　知鱼桥　图 2-2C-105　涵远堂

图 2-2C-106　谐趣园水池东北岸兰亭与知春堂　图 2-2C-107　谐趣园假山与寻诗径

图 2-2C-108　霁清轩景色

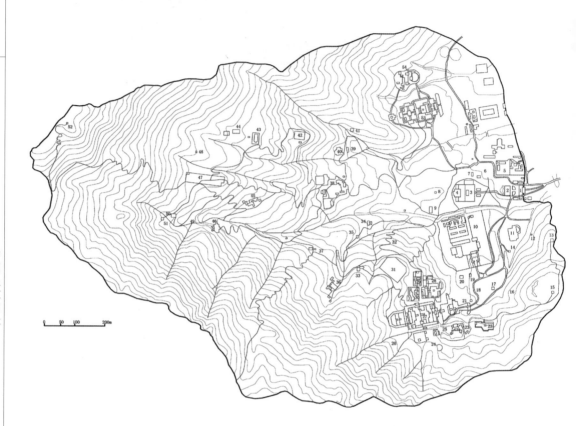

图 2-3A-1 静宜园总平面图

1. 东宫门 2. 勤政殿 3. 横云馆 4. 丽瞩楼 5. 致远斋 6. 韵琴斋 7. 听雪轩 8. 多云亭 9. 绿云舫 10. 中宫 11. 屏水带山 12. 翠微亭 13. 青未了 14. 云径苔菲 15. 看云起时 16. 驯鹿坡 17. 清音亭 18. 买卖街 19. 璎珞岩 20. 绿云深处 21. 知乐濠 22. 鹿园 23. 欢喜园（双井）24. 蟾蜍峰 25. 松坞云庄（双清）26. 唳霜皋 27. 香山寺 28. 来青轩 29. 半山亭 30. 万松深处 31. 洪光寺 32. 霞标磴（十八盘）33. 绚秋林 34. 罗汉影 35. 玉乳泉 36. 雨香馆 37. 阆风亭 38. 玉华寺 39. 静含太古 40. 芙蓉坪 41. 观音阁 42. 重翠亭（颐静山庄）43. 梯云山馆 44. 洁素履 45. 栖月岩 46. 森玉笏 47. 静室 48. 西山晴雪 49. 晞阳阿 50. 朝阳洞 51. 研乐亭 52. 重阳亭 53. 宗镜大昭之庙 54. 见心斋

图 2-3A-2 清代张若霭绘《静宜园二十八景图》之一

第三节 行宫御苑

北京静宜园

香山是北京西北郊群山之一，主峰海拔约 550 米，坐西朝东，南北两面有侧峰环抱，山坡形态起伏错落，忽而开阔平缓，忽而深幽陡峭，形势佳胜。金代曾经在此修筑过水院行宫，清代康熙年间又在此营建御苑，乾隆十年至十二年（1745-1747 年）加以扩建，更名为静宜园，成为三山行宫之一。道光以后静宜园逐渐衰败，咸丰十年（1860 年）与圆明园一起遭到英法联军的焚掠，破坏很大，但仍有部分景致留存至今，近年来不断得到重修和复建。

全园总面积约 140 公顷，分为内垣、外垣和别垣三大部分，各以宫墙围合（图 2-3A-1）。园中保留了香山原有的一些佛寺和景观建筑，新建的宫殿楼台散布在峰岭丘壑之间，与山林环境融为一体。乾隆帝亲题了静宜园二十八景，宫廷画家张若霭与董邦达分别绘制了长卷图（图 2-3A-2）和立轴。这二十八景有相当一部分是香山的自然风光，另有各种殿堂亭轩、寺庙院落，共同组成了一个大型的山地皇家园林。

图 2-3A-2 清代张若霭绘《静宜园二十八景图》之二

内垣主要包括香山的东南区域。东部辟有宫廷区，面东设大宫门五间，门内有半月形的水池，上架石桥，其西为五间正殿勤政殿，左右带配殿。清末勤政殿毁于英法联军之手（图2-3A-3），近年已经得到重建（图2-3A-4）。北面的独立院落为致远斋，是乾隆帝临时办公的场所。西侧中轴线上建横云馆，背倚丽瞩楼。南面的中宫是一组大型院落，充作临时寝宫，门前小溪之上架设了一座流杯亭。

中宫之南的璎珞岩上有泉水倾泻而下，累累如贯珠，其音清越，因此在旁边建了一座清音亭（图2-3A-5）。东侧的山坡和山峰上分别建有翠微

图2-3A-2　清代张若霭绘《静宜园二十八景图》之三

图2-3A-2　清代张若霭绘《静宜园二十八景图》之四

图2-3A-3　静宜园勤政殿遗址

图2-3A-4　重建后的静宜园勤政殿

亭（图2-3A-6）和青未了亭，一隐藏于深林，一雄踞于山巅，视野大不相同。

南侧半山腰的一片台地上建造了园中之园松坞云庄，西倚层层山岩，东临一带远山，内辟水池，池南筑栖云楼，可供登临凭眺。院西侧山坡上有一对造型奇异的天然大石，形如蛤蟆，称作蟾蜍峰（图2-3A-7），旁边的庭

图2-3A-5 璎珞岩清音亭

图2-3A-6 重建后的翠微亭

图2-3A-7 蟾蜍峰

院名为欢喜园（图2-3A-8）；两股山泉沿山坡潺潺而下，乾隆帝为之题写"双清"二字，刻在岩上（图2-3A-9）。咸丰十年（1860年）此处虽被焚毁，栖云楼台基（图2-3A-10）和部分假山叠石尚存，民国初年著名政治人物熊希龄在旧址上建双清别墅，解放战争期间毛泽东主席曾经在此居住，成为革命纪念地。

　　松坞云庄西北侧的香山寺是著名的古刹，始建于唐代，明代称永安禅寺，具有宽敞、博大、朴素、静穆的特点，被明代的《帝京景物略》赞为"京师天下之观"，寺前设买卖街和水池、拱桥，几株古松枝干遒劲，俨然听法信徒，被命名为"听法松"。全寺在层层台地上依次修建山门、戒坛、正殿、后殿、楼阁、后罩楼（图2-3A-11），最后一进院落依托山崖堆叠石块，构筑后园（图2-3A-12）。可惜原有的大多数建筑已不存，仅余西洋风格的石屏（图2-3A-13）等少数遗物，近期正在按原样进行复建。寺东有一处独立的小园来青轩，始建于明代，登此远眺西山，最为旷达。

图2-3A-8　重建后的欢喜园

图2-3A-9　山岩上的双清题刻

图 2-3A-10　松坞云庄栖云楼遗址　　　　图 2-3A-11　香山寺前部遗址

图 2-3A-12　香山寺后部花园遗址

外垣主要包括香山的西北区域，范围比内垣大得多，建筑稀少，空间更加疏朗，以突出山林本色为主，其中主要的景点有晞阳阿、芙蓉坪、香雾窟等，其间的山岩上有乾隆帝御笔"西山晴雪"石碑，成为燕京八景之一。中麓

图 2-3A-13　香山寺石屏

图 2-3A-14　重建后的玉华岫溢芳轩

图 2-3A-15　昭庙琉璃牌坊

图2-3A-16 昭庙建筑群遗址鸟瞰　　图2-3A-17 昭庙七层琉璃塔

的玉华岫是一座依山傍势的庭院建筑群，坐西朝东，与明代所建的玉华寺结合在一起，视野开阔，是秋日欣赏红叶的佳处，20世纪末复建了玉华寺山门、天王殿、玉华岫、邀月榭、绮望亭、溢芳轩游廊等建筑（图2-3A-14）。

　　别垣位于东北侧的山坡上，营造时间稍晚，其中建有汉藏混合风格的佛寺宗镜大昭之庙和园中园见心斋。宗镜大昭之庙简称"昭庙"，坐西朝东，总体格局模仿西藏日喀则的扎什伦布寺，山门前竖立一座琉璃牌坊（图2-3A-15），庙内设前殿和后殿，其西筑四层高台以仿藏式大红台（图2-3A-16），最西端的山丘上建七层六角形平面的琉璃塔（图2-3A-17），居于山巅，十分醒目。

见心斋原名正凝堂，坐西面东，依据明代一座私家别墅园林改建而来。东部地势低平，以弧形平面的游廊围合出一个椭圆形的水院（图 2-3A-18），西侧中央位置为三间见心斋正堂（图 2-3A-19）。西部地势渐高，第二进院落形状并不规则，其中建五间正凝堂，北侧为三间畅风楼。正凝堂的西侧沿中轴线修建了一座方亭作为终点，与南侧的另一座方亭相呼应。院落空地上堆叠山石，顺应山坡的自然形态，进一步强化了嶙峋错落的效果（图 2-3A-20）。这个精致的小园林山石池沼俱全，格调很清雅。

静宜园是一座依托山地兴建的大型园林，相对缺乏水景，但地形本身富有变化，兼有沉雄之美和幽雅之趣，其中的殿堂和寺庙建筑也表现出独特的个性。香山上的植物十分繁茂，尤多高大的乔木，松、柏、槐、榆、枫、银杏等，四季景致秀美，春日桃杏怒放，夏日绿荫重重，秋日红叶满山，

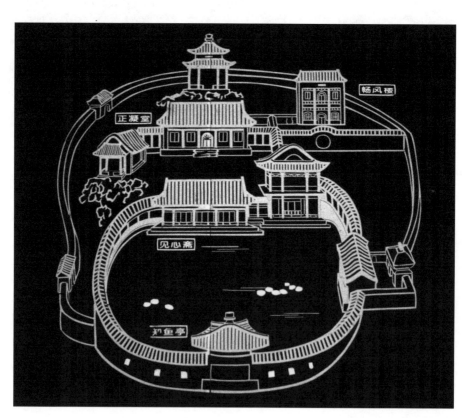

图 2-3A-18　静心斋平面示意图

冬日积雪与松柏相映，一派锦绣风光，其中以秋季风光最引人入胜，至今仍是北京市民踏青郊游的最佳场所。

图 2-3A-19　见心斋正堂

图 2-3A-20　见心斋后山叠石

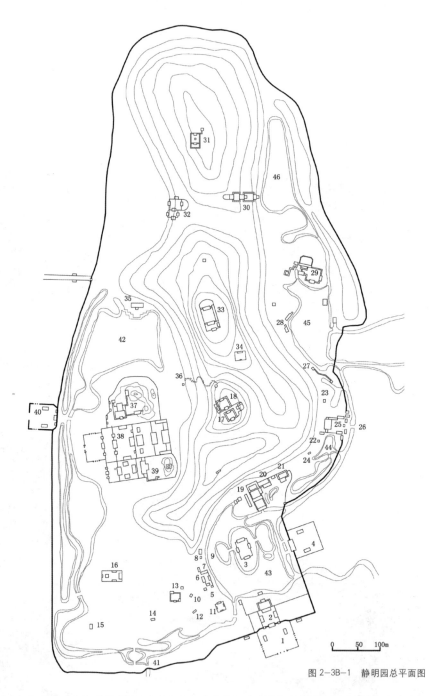

图 2-3B-1　静明园总平面图

1. 南宫门 2. 廓然大公 3. 芙蓉晴照 4. 东宫门 5. 双关帝庙 6. 真武庙 7. 竹垆山房 8. 龙王庙 9. 玉泉趵突 10. 绣壁诗态 11. 圣因综绘 12. 福地幽居 13. 华藏海 14. 漱琼斋 15. 溪田课耕 16. 水月庵 17. 香岩寺 18. 玉峰塔影 19. 翠云嘉荫（华滋馆）20. 甄心斋 21. 湛华堂 22. 碧云深处 23. 坚固林 24. 裂帛湖光 25. 含晖堂 26. 小东门 27. 写琴廊 28. 镜影涵虚 29. 风箅清听 30. 书画舫 31. 妙高寺 32. 崇霭轩 33. 峡雪琴音 34. 从云室 35. 含远斋 36. 采香云径 37. 清凉禅窟 38. 东岳庙 39. 圣缘寺 40. 西宫门 41. 水城关 42. 含漪湖 43. 玉泉湖 44. 裂帛湖 45. 镜影湖 46. 宝珠湖

北京静明园

从元代开始，玉泉山就是北京西北郊的名胜风景区，主峰形态秀丽，山上林木葱郁，遍布怪石幽洞和清流山泉，流水在山下汇成 5 个湖泊，西有含漪湖，南有玉泉湖，东有裂帛湖、镜影湖和宝珠湖，对山峰形成环抱之势。明代在山上先后修建了上下华严寺、金山寺、观音寺、普陀寺和崇真观等佛寺、道观，并在玉泉湖和裂帛湖岸边修建了看花台、卷幔楼和望湖亭等点景建筑，京城游人来往不绝。清代康熙年间在玉泉山南坡始建行宫，后定名为"静明园"，乾隆年间又先后两次进行大规模扩建，使之成为京郊一大名园。玉泉山的山麓和周边地区泉眼丰富，水质清冽，被乾隆帝品定为"天下第一泉"，并指定为宫廷专用饮水，每日运送内廷茶膳房。

咸丰十年（1860 年）静明园和圆明、清漪诸园同遭大劫，光绪年间加以局部重建，民国时期一度开放为公园，现为军事禁区，难以靠近。

静明园总占地面积约 65 公顷，是三山行宫中规模相对较小的一座（图 2-3B-1）。其主要景区大多沿着靠近水面的山坡展开，山水相映，楼台相望，风光婉约灵秀。玉泉山的山脊呈南北走向，依次突起三个山峰（图 2-3B-2）。南峰上建香岩寺、普门观，其中最高处为八边形平面的七层砖砌玉峰塔（图 2-3B-3），造型模仿镇江金山寺慈寿塔，成为全园乃至整个西山地区的标志性景观。中峰上建峡雪琴音，游者最宜在此观赏山泉喷涌之景。北峰上建妙高寺，以藏式

· 图 2-3B-2 玉泉山山影

257

图 2-3B-3　玉峰塔与山脚下的石牌坊

图 2-3B-4　北峰妙高寺鸟瞰

图 2-3B-5　北峰妙高塔仰视

风格的妙高塔为中心，视野比较开阔（图 2-3B-4、图 2-3B-5）。这三座山峰作为全园的三个景致中心，与周围的五座湖泊相呼应，形成山水连绵、亭榭隐约的效果（图 2-3B-6）。

　　园南端设南宫门，门前竖立了三座牌坊，设东西朝房，门内建正殿廓然大公，其北侧的后殿涵万象直接依临玉泉湖。湖面接近方形，水中并列堆筑三座长圆形的小岛，再现传统的"一池三山"模式，中央的大岛传说是当年金章宗所建芙蓉殿旧址，背后的山峰背景形似莲花，故而清代在此设"芙蓉晴照"一景，建有一组庭院，以乐成阁为正堂。

258

玉泉湖的东岸设有东宫门，形制与南宫门相近。湖西岸是玉泉的发源地，名为"玉泉趵突"，乾隆帝为之御笔题写"天下第一泉"五字。玉泉以北分布着一些尺度较小的建筑院落，如龙王庙（永泽畿甸）和模仿无锡惠山听松庵的竹炉山房，背后的山坡上有吕祖洞和观音洞两处石洞，洞前有道观真武庙，其南另设双关帝庙。湖北岸有翠云嘉荫、甄心斋、湛华堂等小院落，其中翠云嘉荫以两株古梧树和一丛翠

图 2-3B-6　湖畔六角亭

竹见长，其西的华滋馆以楠木建成，装修极为精美，当年乾隆帝游赏静明园，经常在此驻跸。东面另有曲廊串联甄心斋和湛华堂，旁倚山石、小池，格调更为清幽。由此北上南峰，山坡上分布着罗汉洞、华严洞、伏魔洞、水月洞等洞穴，清代之前即被视为奇景。

裂帛湖居于玉泉湖东北，尺度最小，形态曲折，其北岸建有小东门，门内为含晖堂，附近种一片竹林，在此聆听泉流声，如同奏乐，故而在旁边的山坡上建清音斋。

北侧的影镜湖尺度略大，形状狭长，岸边建筑不多，主要集中在北岸，景致以自然花木和岩石为主，其中竹子尤为茂盛，故称"风篁清听"；湖西岸设写琴廊、镜影含虚，东岸设水榭延绿厅和船坞，有曲折婉约之势。

最北的宝珠湖尺度与影镜湖相近，形状同样狭长，西岸建书画舫，可在此弃舟登岸，沿着山径攀上峰顶。

山峰西侧的含漪湖之南设西宫门，门内建一座大型道观东岳庙，共分

四进院落，坐东面西，前设三座牌楼，之东为山门，再东为正殿仁育宫（图2-3B-7），其东为后殿玉宸宝殿，最东为后罩殿泰钧楼。东岳庙北侧为清凉禅窟，通过游廊将一组厅堂亭台串联在一起，比拟东晋时期的庐山白莲社；东岳庙之南为小佛寺圣缘寺，规模虽小，却也分为四进院落，最后一进院内建有一座华丽的琉璃塔（图2-3B-8）。再南有大片水田，称"溪田耕课"（图2-3B-9），其间散布一些小庙和书斋、亭子、小轩，富有江南水乡之趣，侧峰上建有小佛寺华藏海，寺后的华藏塔是一座八边形平面的七层石塔（图2-3B-10），雕饰精美；这一带平缓的山坡上散布着水月庵、漱琼斋、绣壁诗态、层明宇、福地幽居、圣因综绘等小景，其中圣因综绘庭院中的五间楼阁仿自杭州圣因寺行宫。

　　静明园充分利用流水环山的自然条件，巧妙地安排各个景点，主次分明，层次丰富，分别表现出开朗、幽深、曲折、平缓等不同效果，散发出独特的魅力（图2-3B-11）。其中的建筑物数量远小于万寿山颐和园和香山静宜园，而且以佛寺和道观为主，山脚和山峰上点缀着造型各异的四座宝塔，分别采用琉璃、石材和砖建造，处处呈现湖光塔影的效果；山崖上保留着前代所作的石刻雕像，宗教气息浓郁（图2-3B-12）。全园建筑与山林环境相得益彰，被认为是三山行宫中自然景致最为秀美的一座。

图2-3B-7　东岳庙仁育宫　　　　图2-3B-8　圣缘寺琉璃塔

图 2-3B-9　静明园溪田耕课　　　　　　　　图 2-3B-10　华藏塔

图 2-3B-11　静明园石拱桥与溪流　　　　　　图 2-3B-12　玉泉山石刻

保定莲池行宫

河北保定是一座历史悠久的古城，元明清三代均为京畿重镇。元代初期，汝南王张柔在城内建造了一座香雪园，后毁于地震，只剩下一汪荷池，当地称之为莲花池。明代嘉靖年间知府张烈在池中畜养游鱼，补种荷花，并在池边重新建造了亭台建筑，作为上层社会的宴饮游赏之地，园门上悬"水鉴公署"匾额。雍正十一年（1733 年）直隶总督李卫在此创办直隶书院，并增建宾馆。乾隆十年（1745 年）宾馆扩建为行宫，二十五年（1760 年）直隶总督方承观品定全园十二景，并绘图题诗，行宫达到历史上最鼎盛的时期，乾隆帝、嘉庆帝先后来此驻跸，乾隆帝也曾为十二景各题一诗。莲池行宫的全盛之景一直保持到光绪年间，有图册传世（图 2-3C-1）。

光绪二十六年（1900 年）八国联军入侵，慈禧太后和光绪帝仓皇西逃，英、德、法、意四国军队南下保定，驻扎十个月之久，大肆烧杀抢掠，莲池行宫大部被毁。次年两宫回銮，直隶总督袁世凯在莲池旁边的永宁寺遗址建造新的行宫，并重修莲池行宫以作为帝后临时驻跸的御苑，由于财力所限，只恢复了部分景物（图2-3C-2）。光绪三十三年（1907年）出任直隶总督的杨士骧筹款继续重建了一些建筑，还建造了一座西式风格的直隶图书馆，

图2-3C-1　光绪初年《古莲花池全景图》

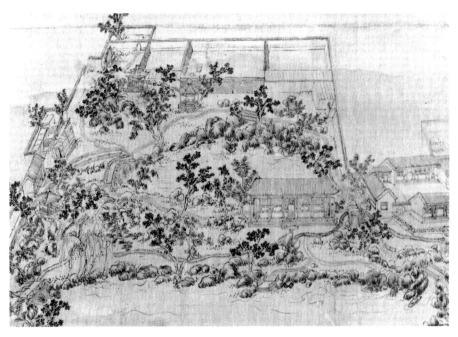

图2-3C-2　光绪晚期《莲池行宫图》局部

但园景已经无法与盛期相比。民国时期莲池行宫仍为保定名园，虽有局部维护，但因为各种天灾人祸而日渐颓败。建国后古莲池被辟为公园，得到有效保护，21世纪以来陆续修复了多个景点，重新焕发光彩。

莲池行宫历史接近800年，现存景致基本为清末以来重建的结果，占地面积约130亩，规模不及盛期，但基本保持原有格局（图2-3C-3）。园中水系分为南北两池，南池狭小呈月牙形，北池广阔近于长方形，二者以东西二渠连通，主要的景物均环水而设，与岸边的杨柳相依。

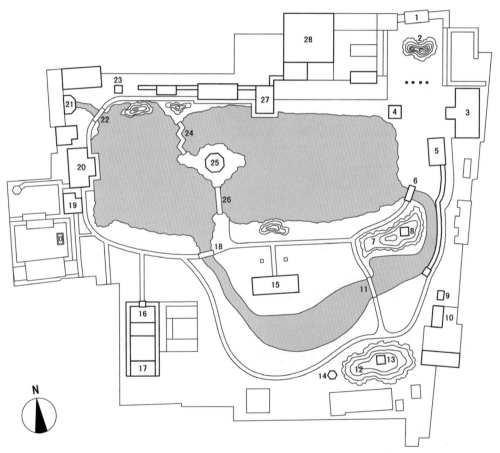

图2-3C-3 莲池行宫现状平面图

1.园门 2.春午坡 3.直隶图书馆 4.濯锦亭 5.水东楼 6.含沧亭 7.篇留洞 8.观澜亭 9.严樨 10.含绿轩 11.三孔石拱桥 12.红枣坡 13.六幢亭 14.不如亭 15.藻泳楼 16.蕊幢精舍 17.藏经楼 18.石平桥 19.小方壶 20.君子长生馆 21.响琴 22.小石拱桥 23.洒然亭 24.曲桥 25.宛虹亭 26.宛虹桥 27.高芬阁 28.万卷楼

图 2-3C-4　春午坡图

园门位于东北角，门内置假山，主要以湖石叠成，宛如屏风，名为"春午坡"（图 2-3C-4）。假山西南为濯锦亭（图 2-3C-5），其对面即晚清所建的直隶图书馆，再南为水东楼（图 2-3C-6），西面朝向水池。楼南接有弧形长廊，紧贴渠道东岸蜿蜒而下。渠上架桥，桥上建含沧亭，过亭可登假山篇留洞，其名源自北宋苏轼诗句"清篇留峡洞"，此山三面临水，山上建观澜亭（图 2-3C-7），可居高临下俯瞰南北水池，山内掩藏曲折的洞穴。山南有一座三孔石桥横跨水上，相传为元代遗物（图 2-3C-8）。过桥可至南侧的假山红枣坡（图 2-3C-9），山上矗立一座方形的六幢亭，山下西侧倚靠着六角形的不如亭，东侧为含绿轩。

图 2-3C-5　濯锦亭

图 2-3C-6　水东楼

图 2-3C-7　篇留洞与观澜亭

图 2-3C-8　三孔石桥

图 2-3C-9　红枣坡

265

图 2-3C-10　藻泳楼

图 2-3C-11　蕊幢精舍图

南池北岸中央的空地上有一座藻泳楼，坐南面北，视野开阔（图2-3C-10）。其西有一组两进院落，辟为礼佛场所，名"蕊幢精舍"，南侧建有一座藏经楼（图2-3C-11）。

园之西部原为鹤柴景区，现在面积已经大为缩小，五间歇山正厅朝东面水而立，前出三间抱厦，民国时期题额"君子长生馆"（图2-3C-12）；厅左右各设小轩，右轩题为"小方壶"，比拟海上仙山琼室。园西北角有一座小榭，名为"响琴"，其下即为园中水系发源处，泉声叮铃，如奏雅琴（图2-3C-13）。

北池北岸较为平直，西段设洒然亭，长廊间有高芬阁凸于水际，前出平台（图2-3C-14）；北池中央曲桥蜿蜒，通向水中小岛，岛上建有一座八角形的宛虹亭，屋顶原来覆盖茅草，后改为瓦顶，亭南架设拱形的宛虹桥，耸起于水面之上（图2-3C-15）。高芬阁之东为万卷楼，体量较大（图2-3C-16）。

此园沿革颇为复杂，初为藩王私家花园，后为官署园林，逐渐演变为公共园林，清代雍正年间辟为书院园林，乾隆年间改建为行宫御苑，民国以后又成公园。园中景物虽多，尚保持较多的逸趣，而且建筑形制考究，带有皇家园林特有的华贵之气。亭台楼阁造型丰富，彼此错落，与山石花木相间，富有层次感，其中北池小岛上的宛虹亭成为景致核心，四周岸边的水东楼与君子长生馆、藻泳楼与高芬阁均隔水相望，形成对景；园中假山尺度不大，穿插有序；古树蟠然（图2-3C-17），水景丰盈，池中莲花至今犹盛，不愧古莲池美誉。总体而言，全园布局疏密得当，端庄而不失幽雅，堪称北方名园。

图 2-3C-12　君子长生馆

图 2-3C-13　响琴榭

图 2-3C-14　高芬阁

图 2-3C-15　宛虹亭

图 2-3C-16　万卷楼图

图 2-3C-17　莲池边古树

涿州行宫

清代乾隆帝南巡期间将沿途很多的寺庙和园林占为行宫，其中涿州行宫就是其中之一。

涿州南关有一座药王庙，始建于明代嘉靖年间，其东为保庆寺。乾隆十六年（1751年）乾隆帝首次南巡时路过此地，将保庆寺改建为行宫，之后历次南巡以及去易县西陵拜谒途中均以此为临时驻跸之所。清代后期行宫逐渐荒废，道光二十六年（1846年）知州郭宝勋奉命将行宫估价变卖，民间集资在此重新建造了一座保清寺，格局和建筑形式发生明显变化。20世纪70-80年代，保清寺和旁边的药王庙遭到严重破坏，仅有正殿（图2-3D-1）和石假山幸存至今，成为清代帝王南巡途中星罗棋布的行宫御苑中极少数尚有实物可见的代表性遗迹。

图 2-3D-1　涿州行宫正殿现状

图 2-3D-3　曹汛绘涿州行宫假山速写

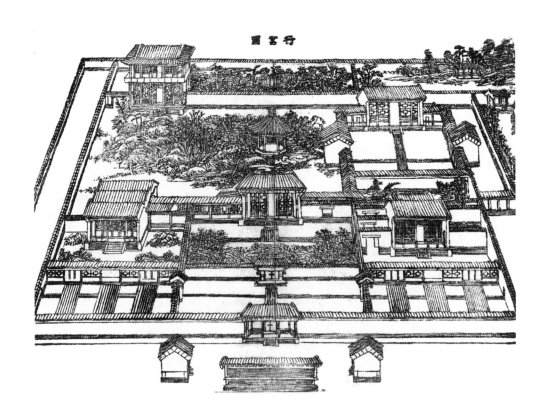

图 2-3D-2　乾隆时期《涿州行宫全图》

270

　　《涿州志》和《南巡盛典》中附有乾隆时期行宫的全景鸟瞰图（图 2-3D-2），使得今人尚可一窥此园盛期风貌。当时这座行宫占地面积约 50 亩，分为东中西三路。中路南端设三间宫门，门前竖立大影壁，门外建东西朝房。宫门之北为垂花门，门内为主庭院，北设皇帝所居的正殿，三间硬山建筑，旧悬"绿野迎薰"匾额，院南堆叠大型石假山，与正殿相对。北部为花园，筑有连绵的土山，山上古木参天，山脚下建有一座六角亭，西北部的观风楼是登临远眺周围风光的绝佳场所。楼北辟有百步长的箭道和一座箭亭，掩映于茂密的树丛中，以供皇室习射之用。东北角设有独立的小院，院中陂陀蜿蜒，旁边另建有一座小亭。

　　东路为太后宫，南设一排值房，北为三间正殿，北侧为三间后殿。殿后庭院为皇后宫，游廊环绕，北设三间正殿，东西各设三间配殿。西路进深较小，南设一排值房，北为西轩，三卷三间建筑，内悬御笔"黄图揽胜"额。

　　这是一座以假山为主景的御苑，风格偏于雄健。园中建筑以硬山房为主，均不超过三间（晚清重建为保清寺后，正殿被改为五间歇山建筑，并非原状），屋顶大都采用卷棚式样，不加正脊和吻兽，显得较为简朴实用。园中筑两组大假山，正殿后的假山土石相间，山上种植松树和竹子，形态较为浑朴。正殿前石假山横亘于垂花门内，宛若屏风（图 2-3D-3），长 34.2 米，高 4.2 米，主要以青石叠成，东西山间各有一条小径穿越（图 2-3D-4），将假山分为 3 段，呈三岭十峰之势。此山塑造手法十分高超，南侧阳面（图 2-3D-5）与北侧阴面（图 2-3D-6）表现出不同的光影效果，奇峰怪石林立，在绿荫下此起彼伏，气脉灵动，颇有宋元山水画的神韵，是清代中叶宫廷叠石匠师的杰作。

图 2-3D-4　涿州行宫假山山径

图 2-3D-5　涿州行宫假山南立面

图 2-3D-6　涿州行宫假山北立面

第三章

中国皇家园林造园手法

园林是一项综合性的艺术，包含选址、布局、建筑、叠山、理水、植物、小品、匾额、楹联等等环节。经过几千年的传承，中国皇家园林在这些领域取得了极高的成就，与其他类型的古典园林相比，既有共性，又有自身的个性，充分体现了皇权的尊崇和皇家的气派，同时也表现出精雅、细腻的艺术特色。

第一节　布局

相比私家园林而言，历代皇家园林大多规模宏大，建设之初都进行了精心的选址和总体规划，或依托天然山水展开，或起造于大片平地，或营建于宫禁内部，通过山形水系和建筑、花木的组合，形成不同的布局形式。

商代和西周时期的帝王苑囿直接圈占大片野外林地，囿内中心位置修筑高台，人工化的程度还比较低。春秋战国时期进一步发展华丽的高台建筑，一些著名的诸侯苑囿占地更广，台榭数量更多，并与自然山水结合得更加紧密，如楚国的章华台依临云梦泽，吴国的姑苏台建于姑苏山上，呈现出和谐的整体格局。

秦汉时期以上林苑为代表的皇家园林占地规模空前，将关中地区的山脉、河流囊括其中，在山丘和平原上分散设置相对独立的宫苑以及大量的台、观等建筑，整体格局模仿天象，气魄极大。秦代兰池宫首创"池中筑山"的布局，西汉的建章宫加以继承，同时开创了"前宫后苑"的模式，成为后世很多皇家园林效仿的对象。

东汉末年曹操在邺城筑铜雀园，虽仍以高台为核心建筑，但布局更加规整。曹魏代汉后定都洛阳，大力经营芳林园。芳林园后来更名为华林园，以人工堆造的景阳山和人工挖掘的天渊池为骨架，殿堂楼台穿插于山间水滨。这种新的模式被两晋南北朝时期各政权所继承，洛阳、建康、邺城等都城的主要御苑都以华林园为名，其基本格局也颇为相似。

隋唐时期皇家园林鼎盛，类型众多，不同御苑的布局也趋于复杂化和多样化。首都长安的太极宫、大明宫等大内御苑均采用"前宫后苑"的形式，水体面积较大，假山尺度有限，建筑数量偏多。其余离宫和行宫大多以郊外的名山或河湖为基地，加以适当的地形改造，布局灵活，例如隋炀帝所建的洛阳西苑三面临山，洛水和榖水在苑内穿流，又辟有北海和翠光、迎阳、金光、洁水、广明五湖；宇文恺主持设计的仁寿宫位于群山环抱之中，中央位置设宫廷区，周围辟为园林区，三条自然河流在西侧汇为大池；此外如凤凰谷中的玉华宫、黑水河畔的仙游宫、终南山太和谷中的翠微宫和骊山北坡的华清宫都依托自然山川营造而成，布局不拘一格。

宋代皇家园林规模比前代有所缩减，东京延福宫中殿堂建筑较多，格局规整。艮岳则以人工堆筑的假山为主景，山间挖掘河池，建筑较少，格局自由；金明池以方形的大水池为主体，琼林苑和玉津园都以植物景观为主，建筑数量更少，格局疏朗。

辽代皇家园林格局比较简单。金代中都的大宁宫在大片湖面上构筑岛屿，元代大内御苑继承这一地段，将湖面拓展为太液池，池中堆叠三岛，再现"一池三山"的格局。明清时期又将太液池拓宽为三海，在水岸和岛屿上建造各种建筑，保持以水面为主的布局方式。

清代皇家园林数量堪比秦汉、隋唐，除了西苑三海之外，其布局方式大致分四种情况。紫禁城中御花园、宁寿宫花园、建福宫花园都是宫城中的庭园，规模较小，建筑密度偏大，保持方整端正的格局；景山以大型土山为主景，格局较为空旷，平面也大致对称；圆明园、畅春园、南苑都是建于平地的大型人工山水园林，假山的高度有限，空间主要在二维水平方向进行铺展，总体格局化整为零，分为若干相对独立的景区，呈现出集锦式的面貌；以避暑山庄、静宜园、静明园、颐和园、盘山行宫为代表的大型天然山水园林拥有秀美的自然山峰，地形条件更加优越，园林布局表现出更强的整体性，将天然景观与人工景观融为一体，高低、疏密对比强烈，达到更高的艺术水准。这些大型离宫和行宫御苑都在前部设有宫廷区，但所占比重不大（图 3-1-1）。

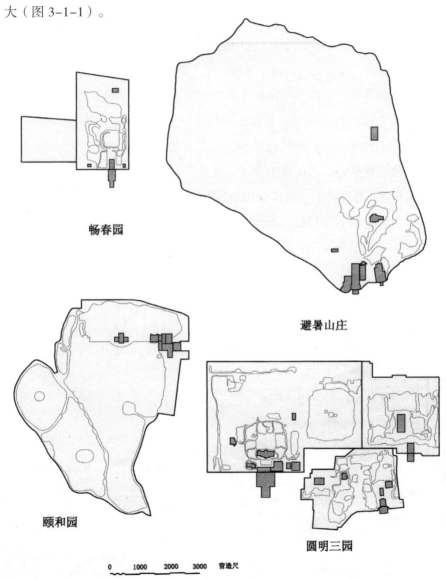

畅春园

避暑山庄

颐和园

圆明三园

0   1000   2000   3000   营造尺

图 3-1-1   清代四座离宫御苑宫廷区示意图

第二节　建筑

皇家园林兼有宫殿的属性，其中的建筑占据了重要的地位，而且类型丰富，形式多样，制作精良，代表了每一朝代建筑的最高水平。

从商周开始，早期皇家园林主要流行高台建筑，在人工所筑的夯土台基上建造房屋，尺度很大，呈现出"高台厚榭"的形象（图3-2-1）。秦汉时期除了台榭之外，还建造更多的殿堂和楼观建筑。到了南北朝时期，台的地位逐渐降低，楼阁成为主流。隋唐时期的皇家园林大量出现亭类建筑，与殿堂、楼阁并胜，展现雄伟高迈的气象（图3-2-2）。宋代御苑中建筑风格向秀美的方向转变，金元时期的御苑中出现了一些造型奇异的楼阁（图3-2-3）。

图3-2-1　秦代宫苑高台建筑形象

图 3-2-2　唐代皇家墓葬壁画中的阙楼形象　　　图 3-2-3　元代王振鹏绘《龙池竞渡图》中的园林楼阁

　　从总体趋势来看，封建社会后期皇家园林中建筑的类型和数量比前代明显增多，尺度有所缩小，装饰和陈设则更为复杂。清代御苑中的建筑不但是帝王园居游乐的主要场所，而且也是总体景观和局部景观的构图中心，成为最重要的审美对象。

　　除了早期的高台之外，历代御苑中的建筑类型包括殿堂、寺庙、佛塔、楼阁、轩馆、水榭、画舫、书斋、城关、亭子、游廊、牌坊等等，每一类型根据各自的具体位置和功能又有很多形式变化。这些建筑与山水、花木结合，通过单体或组群的方式展现出各种不同的形象。一般而言，宫廷区的殿堂院落和全园标志性的核心建筑大多采用中轴对称的形式，表现出庄重端严的气势，其余建筑则随宜就势，格局自由。

　　殿堂建筑在御苑中的等级最高，往往是帝王举行朝会、处理政务或者日常起居的场所，功能很强（图 3-2-4）；或者占据独立景区的核心位置，相当于私家园林中的厅堂。其中朝会殿宇相对具有威严壮丽的特点（图 3-2-5），而理政殿宇则强调实用性。皇帝和后妃的寝殿及其附属建筑个性最强，常常根据个人喜好进行改建和重新装修。

图 3-2-4　傅熹年绘大明宫含元殿室内复原图　　图 3-2-5　西方人绘圆明园正大光明殿

图 3-2-6　颐和园佛香阁　　　　图 3-2-7　清漪园文昌阁旧照

　　皇家园林中常常设有很多宗教建筑，例如佛寺、佛塔、道观以及其他各类祠庙，既是祭拜神佛的场所，同时也带来特殊的建筑形象。

　　楼阁体量较大，特别适合建造于平远开阔的地带或山坡之上，既是标志性的景区中心，又是登临观赏周围景物的最佳驻足点。以清代乾隆时期的清漪园为例，园中的楼阁建筑数量很多，万寿山中央竖立四重屋檐的佛香阁（图 3-2-6），前山和前湖周围还散布着三层的望蟾阁、文昌阁

（图3-2-7）以及两层的景明楼、昙花阁、治镜阁、凤凰楼、夕佳楼、山色湖光共一楼（图3-2-8）、湖山真意楼（图3-2-9）等楼阁，凸显于山坡水际的树梢之上，高耸的层层屋檐与壮伟的山形、宽阔的湖面相得益彰。清代御苑中有些楼阁建筑具有特殊的功能，其中戏楼用于戏曲表演，如避暑山庄畅音阁、圆明园同乐园清音阁、颐和园德和园大戏楼；藏书楼则用于贮藏图书，如避暑山庄文津阁（图3-2-10）和圆明园文渊阁，形制均仿自宁波天一阁。

图3-2-8　颐和园山色湖光共一楼　　　　　　图3-2-9　颐和园湖山真意楼

图3-2-10　避暑山庄文津阁

281

亭子是隋唐以来皇家园林中最常见的建筑形式，平面有圆形（图3-2-11）、方形（图3-2-12）、长方形、扇面形、梅花形、六角形（图3-2-13）、八角形等不同形状，又有大小之别，单檐、重檐（图3-2-14）之分，屋面除了铺设灰瓦之外还可铺设琉璃瓦或茅草，分别设置于庭院之内，或位于山巅、山腰、山脚、岛上、水边、花间，具有很好的点景作用。

轩馆的体量相对较小，通常居于次要地位（图3-2-15）。榭在上古时期原指高台上的建筑物，后来变成水边开敞式建筑的名称，尺度大多宜人（图3-2-16）。画舫建筑模仿舟船的样式，本是江南地区流行的建筑类型，乾隆帝巡幸江南，对此非常欣赏，回京后便在圆明园、清漪园、北海、静明园等皇家园林中纷纷加以仿建，这些画舫造型各异，有的酷似真船（图3-2-17），有的只是神似而已。皇家园林中的书斋造型简单，大多位于相对隐秘的位置，显得十分幽静。

城关是一种模拟城墙、城门的建筑形式，尺度小于真正的城门。

图 3-2-11　西苑中海重檐圆亭

图 3-2-12　圆明园廓然大公方亭

图 3-2-13 避暑山庄晴碧亭

图 3-2-14 紫禁城御花园千秋亭

图 3-2-15 西苑北海罨画轩

图 3-2-16 西苑北海沁泉廊水榭

图 3-2-17 颐和园清晏舫

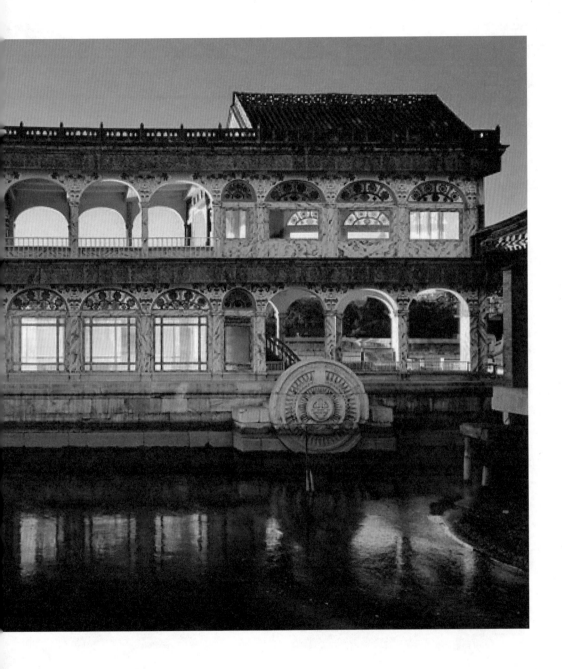

图3-2-18　颐和园赤城霞起城关

北齐仙都苑首次设置带有城关的微型城池，清代的圆明园和颐和园中都设有多处城关（图3-2-18），略有雄关漫道的味道，圆明园中还在河流之上设置水关，增加行船穿越的乐趣。牌坊又名牌楼，大多采用木构（图3-2-19），少数以琉璃装饰（图3-2-20），色彩绚丽，通常竖立在建筑群的门前或长桥的两端，凸显华贵的气势。游廊是一种辅助形的建筑，具有串联和围合的作用，清代以前的御苑中较少出现，清代则数量大增，成为不可或缺的空间要素（图3-2-21）。

皇家园林中另有两类特殊的建筑形式值得一提。一类是模仿市肆之景的店铺，早在东汉时期汉灵帝就曾经在后宫花园设立商铺，亲自扮演商户取乐；之后南朝的华林园、北宋东京金明池和琼林苑、南宋御苑中都均有类似的设施，清代的畅春园、圆明园、长春园、清漪园中也都设有买卖街，大多属于布景性质，反映了市井文化对宫廷的影响（图3-2-22）。另一类是清代统治者在圆明园、避暑山庄和中南海所搭建的蒙古包，表现出浓郁的塞外风情，体现了对游牧文化的尊重（图3-2-23）。

从营造的角度来看，历代皇家园林中的殿堂楼台都属于"官式建筑"的范畴，讲究规制，造型端庄，虽然富丽堂皇的程度不及正式的大内宫殿，但总体上比民间建筑还是要华丽得多，显现出皇家特有的尊贵气息。

图3-2-19　避暑山庄水心榭桥头牌楼　　　　图3-2-20　西苑北海琉璃牌楼

图 3-2-21　避暑山庄金山岛爬山游廊　　　　　　　　　　　图 3-2-22　颐和园后溪河买卖街

图 3-2-23　避暑山庄《万树园赐宴图》中的大蒙古包

第三节　叠山

　　皇家园林范围广，其主体结构大多由尺度很大的山水景观构成，经常花费大量的人工挖池筑山，即便依托真山真水的御苑也需要对原有的山水形态进行改造。这类工程通常在营造山水景观的时候统一进行规划，将开辟水系时挖出的泥土加高在山上，实现土方平衡。

　　早期帝王苑囿中经常堆筑巨大的土山，尺度接近真山，在《尚书》中留下"为山九仞，功亏一篑"的记载。西汉长安城外的建章宫太液池中设有三岛，岛上均堆筑假山，象征海上仙山；东汉洛阳西园中的大假山直接以关中的少华山为模拟对象；曹魏时期的洛阳华林园西北部堆筑景阳山，象征着中国版图西北部的高山峻岭，与象征东海的天渊池相映照。这一传统被东晋和南朝时期的建康华林园所继承，北魏洛阳华林园中则堆造了羲和岭和姮娥峰，尺度都很巨大。

　　隋唐时期皇家园林的山景塑造手法演化为两种形式，一种是直接依托真山展开，如华清宫和翠微宫分别倚靠骊山和终南山营建而成，将名山群峰纳入观景范围。另一种是以人工在园内堆叠假山，尺度明显小于汉魏、两晋、南北朝时期，追求浓缩的象征性效果，如长安大明宫中的蓬莱山。

　　北宋东京的艮岳以假山为主景，水池的东北南三面分别起造万岁山、万松岭、芙蓉城、寿山，山上设置全国各地进贡以及花费巨资采买的各种奇峰怪石（图3-3-1），形态千变万化，兼具东南几大名山之秀，岗阜相接，脉络连贯，将天然山岳最典型的面貌概括其中，与山水画的原理相通，尺度不大却并未失真，被视为中国历代皇家园林叠山的巅峰之作。南宋临安德寿宫中堆叠石山模拟灵隐飞来峰，规模较小，但细节更为精致。

　　清代全面继承前朝的叠山传统，并有新的创造。避暑山庄、静宜园、静明园和盘山行宫都依托真山建造，与自然山体巧妙融合。清漪园所在的万

图 3-3-1　西苑北海艮岳遗石

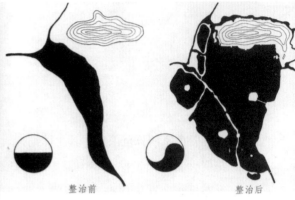

整治前　　　　　　　　　整治后

图 3-3-2　清漪园万寿山与昆明湖改造前后对比

图 3-3-3　颐和园前山叠石

图 3-3-4　圆明园廓然大公假山遗址

寿山本身的山体比较低矮而且不够延展，昆明湖的水面比较狭长，山与水的关系显得有些疏离，为了克服这一缺陷，在造园的开始阶段就对湖山进行全面整治，将湖面向东、向北大大拓展，一直抵达万寿山的南坡，挖出来的土方正好堆在山的东半部，在很大程度上改善了山的形状，如此一举两得，堪称典范（图 3-3-2）。此外，还分别在前山和后山都在局部加以人工叠石，增加了峻峭的山势（图 3-3-3）。

圆明三园和西苑三海的很多假山具有分隔景区的作用，大多以土山为主，局部点缀山石，显示出平冈小坂的特色，仿佛是连绵的大山余脉（图 3-3-4）。

一些庭院中也会堆叠以石头为主的假山，常用的石料包括柔美多窍的湖石（图3-3-5）、雄健锋锐的青石（图3-3-6）和敦厚端方的黄石（图3-3-7），可以形成峰岭峦谷等各种微缩山景。乾隆帝还偏好在假山中设置各种洞穴，其中别有天地，仿佛石头所建的房屋，例如紫禁城宁寿宫中第三进院中的大假山塞满整个院子，山中穿插曲折山径和深幽洞穴，恍如迷宫（图3-3-8）。

图3-3-5　西苑北海镜清斋湖石假山　　　　　　　　　　　图3-3-6　涿州行宫青石假山

图3-3-7　颐和园后山黄石假山　　　图3-3-8　紫禁城宁寿宫花园第三进院中大假山

第四节 理水

中国古典园林很重视理水，经常把水景视作全园的灵魂。历代皇家园林中大多辟有复杂的水系，表现出长河、湖泊、溪流、池塘、山涧、瀑布等不同的水体形态，清澈灵动，为园林增添了无限的生气和活力。同时又依托水面构筑驳岸、码头、水湾、石矶和岛屿，增加了地形的变化。

上古时期的苑囿中水景还居于次要地位，周文王的灵囿中已开辟了一个名为"灵沼"的水池，据说象征着"教化流行"，后来的国子监和府县儒学中泮池就号称是灵沼的继承者，而皇家园林中却不再出现类似的池沼形式。春秋战国时期一些诸侯苑囿也结合自然河湖构筑，其中吴国的姑苏台建在山上，却还在山谷营造了一个天池，可谓别出心裁。

秦代兰池宫和汉代建章宫开始以人工开辟的大面积水池和水上的岛屿为主体景观，与以往以台榭为中心的苑囿大为不同；汉武帝下旨在上林苑中以人工挖掘昆明池，面积超过100公顷，堪比天然大湖；曹魏、西晋、北魏时期的首都洛阳华林园中所凿的天渊池也是一个人工大湖，与榖水相通，池岸边引泉为瀑，附近还设有蜿蜒曲折的流杯渠，景象更为丰富；东晋、南朝首都建康城北开辟了更为广阔的玄武湖，景象壮观。

隋代所建的仁寿宫充分利用天然的北马坊河、永安河和杜水交汇为西海，西北侧巨瀑如悬，风光绝胜。洛阳西苑将洛水和榖水囊入苑内，又辟有北海和翠光、迎阳、金光、洁水、广明五湖，每个湖泊的规模都达到方圆二十千米，沟渠辗转相通，水深数丈，其中可通行龙凤形的大船。隋唐大内太极宫北部的园林区中有东海、南海、北海三座大水池，当年玄武门兵变发生时，唐高祖李渊正在池中泛舟。大明宫北部辟有太液池，兴庆宫南部则以龙池为中心。

北宋东京艮岳从园北墙外的景龙江引水入园，其水系由北侧的曲江、白龙沜、曜龙峡和中部的凤池、大方沼和雁池组成，东南另有溪流通向园外，其间进退开阖，曲折有致，几乎概括了天然水体的所有形态。

辽金元三朝御苑都围绕较大的湖面展开，表现了游牧民族重视水泉的习俗。明代将西苑太液池扩展为北、中、南三海，水面形态更有层次（图3-4-1）。

图 3-4-1　西苑三海鸟瞰

清代御苑的理水手法更加丰富。圆明三园和畅春园都建于水泉充沛的平地上，也都以水景为主，其中河网密布，湖泊众多，呈现出一派烟水茫茫的水乡气息（图3-4-2），萦回的水系将全园分隔成若干景区，同时也成为重要的水上交通线路（图3-4-3）。静明园巧妙地利用玉泉山下的五个湖

图 3-4-2　圆明园芰荷香池塘

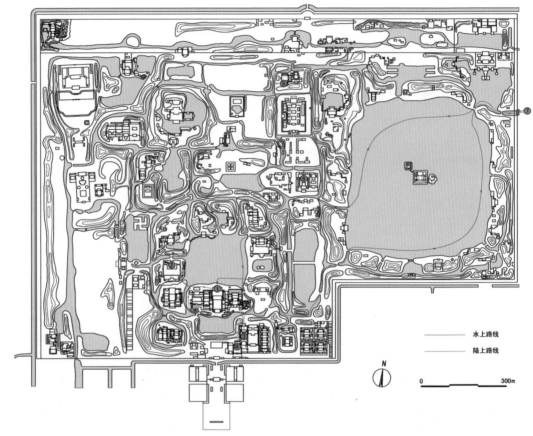

图 3-4-3　乾隆二十一年（1756 年）七月十三日乾隆帝圆明园活动路线图

1.九州清晏 2.金鱼池 3.怀清芬 4.勤政殿 5.西峰秀色 6.同乐园 7.长春园

泊展开各种景致，营造出变化多端的山水景致（图 3-4-4）。清漪园的昆明湖以杭州西湖为蓝本（图 3-4-5），以长堤将湖面划分成内外重湖的形态，主体部分开阔澄净，西北水域狭长清幽，又在后山脚下插入一曲折深邃的后溪河，对比十分强烈。

　　中国地理形势为西北高，东南低，大江大河多数都从西北高原发源，流向东南方的大海。皇家园林中的水系通常都遵循这一原则，其源头往往位于西北部，在中部汇为大池，再向东南流出（图 3-4-6）。此外，历代皇家园林设有很多园中园，其中大多也辟有池沼之景，尺度虽小但设计得更加精巧，

图 3-4-4 玉泉山下湖景旧照　　　　　图 3-4-5 颐和园昆明湖

图 3-4-6 避暑山庄水系源头热河泉

其中既有形态规整的方池（图 3-4-7），也有自然灵活的曲池（图 3-4-8），与溪流相接，手法与私家园林相似。这些水系的入水口通常以叠石遮掩（图 3-4-9），有时另在溪流之上设置水门（图 3-4-10），增加空间的变化。

图 3-4-7 西苑北海烟云尽态方池

图 3-4-8 保定行宫古莲池

图 3-4-9 颐和园谐趣园水池入水口   图 3-4-10 长春园狮子林溪流与水门遗址

第五节 花木

充满了自然生趣的植物是园林中不可或缺的要素。中国是世界上原生植物种类最丰富的国家，早期的苑囿中包含大量的天然野生植物，宫廷和私人所营的果园菜圃中则以人工方式种植了各种果树和蔬菜。这些林木蔬果除了具有生产价值之外，也具有很高的观赏价值，逐渐演变为园林中的花木景观。

从《诗经》等典籍的记载来看，商周时期已经将柳、桑、榆、栎、槐、松、柏等树木和兰、菊、芍药、荷等花卉看作是主要的观赏对象。秦汉时期的上林苑中除了广袤的天然植被之外，也通过人工栽植了松、柏、桐、柳、桃、李、杏、桑等成片的林木，苑内不少宫观建筑都因为附近的植物而得名，例如长杨宫、葡萄宫、棠梨宫、细柳观等。汉武帝时期全国各地进贡了三千多种奇异的花草果树，全部移植于上林苑中，还设置了很多宝鼎来标识这些珍异的植物。东汉洛阳濯龙园的水池中长满荷花，岸边中有兰草，西园的水渠中种植一种南方进贡的珍品莲花。

魏晋南北朝时期洛阳和建康的华林园等御苑中都大量种植花卉、果木和竹子，形成深幽丛林的景象。隋唐时期的御苑也继承了这一传统，拥有全国各地采集而来的各种名贵植物。唐代重视观赏花卉，长安南内兴庆宫除了栽种很多柳树和荷花、菱角等水生植物之外，还在沉香亭畔种有牡丹花圃，名重一时。牡丹本是药用植物，唐代培育为园林花卉，被誉为"花王"，皇家园林和贵族府园中尤其喜欢种植。东都洛阳水土特别宜于牡丹生长，因此洛阳御苑中也种了很多牡丹。

北宋东京艮岳中的植物至少有几十种，其中包含荔枝、柚、橘等来自南方的品种。山冈、阶前、岸边、水面甚至石缝中有花草摇曳，除了成片成丛之外，还有不少品种采用单株种植、成对种植和混合种植的方式，其中华阳门内的两株桧柏被分别命名为"升龙"和"卧龙"。园内假山的不同部位分别称作梅岭、杏岫、椒崖、龙柏陂、斑竹麓、万松岭，花木盛景由此可见一斑。东京另外一座御苑琼林苑主要种植江南、岭南和闽南地区进贡的名花，见载于史册的就有素馨、茉莉、山丹、瑞香、含笑、射香等品种。南宋首都临安的大内后苑和德寿宫中都种有梅花、牡丹、芍药、山茶、桂花、海棠等花卉，园内建筑物名称也大多与花木有关。

　　清代皇家园林中的花木景观同样极盛。圆明园四十景中有很多景区以某种特殊的植物为主景，如镂月开云的牡丹（图3-5-1）、天然图画的竹子（图3-5-2）、碧桐书院的梧桐（图3-5-3）、杏花春馆的杏树（图3-5-4）、濂溪乐处的荷花（图3-5-5）等等。颐和园的植物栽培充分

图3-5-1　圆明园镂月开云景区中的牡丹

图 3-5-2　圆明园天
然图画景区中的竹林
图 3-5-3　圆明园碧
桐书院景区中的梧桐

图 3-5-4　圆明园杏
花春馆景区中的杏树
图 3-5-5　圆明园濂
溪乐处景区中的荷花

考虑到不同地段的特点，针对湖面、堤岸、山坡和庭院分别采用不同的植物种类（图3-5-6），例如水上种荷花、芦苇和蒲草，湖岸和长堤上主要沿路种植柳树、桑树和桃树（图3-5-7），前山以枝干挺直的柏树为主（图3-5-8），后山则以枝干遒劲的松树为主（图3-5-9），银杏等树木为

图 3-5-6　颐和园谐趣园柳树与荷花

图 3-5-8　颐和园前山柏树

图 3-5-7　颐和园昆明湖西岸桑树

图 3-5-9　颐和园后山油松

图 3-5-10　颐和园后山秋叶景致　　　　　图 3-5-11　颐和园乐寿堂前海棠花

辅（图 3-5-10），乐寿堂等庭院中多种牡丹、芍药、海棠（图 3-5-11）、玉兰（图 3-5-12），层次极为丰富。避暑山庄的不同区域也各自强调不同的植物景观，湖泊区种植了不少江南地区的花卉，平原区东半部种植以榆、柳、槐等树种为主的密林和灌木丛（图 3-5-13），西半部辟为大片草地，山岳区分别种植郁郁苍苍的松树林、榛树林和梨树林，烘托出不同风格的景观情调。

综合而言，皇家园林规模大，常以高大的树木与灌木结合，种植成林，呈现出连绵一片的效果，还经常与山体融合成自然的山林景象；花卉大多栽在专门的花圃中，有时采用盆栽的方式；松、槐、银杏等姿态优美的树种也可以单株欣赏，或与爬藤等植物组合在一起，加上山石的点缀，构成精美的国画小品。

图 3-5-12　颐和园邀月门前玉兰花

图 3-5-13　避暑山庄平原区林木

第四章

中国皇家园林文化主题

中国皇家园林是宫廷文化最重要的载体，包罗万象，经过几千年的传承和发展，形成了高度成熟的文化体系，具有深厚的儒释道哲学底蕴，与诗文书画等艺术门类联系紧密，营造出博大而深远的意境。一些重要的文化主题在历代御苑中被反复运用，例如反映儒家治世思想的殿堂建筑与山水景区、体现重农思想的田园村舍、比拟昆仑仙境和海上仙山的山水楼阁、祭祀各路神佛的寺观祠庙以及象征着包容天下的写仿之景，通过建筑、山水、植物一一呈现出具体的景观形象，成为皇家园林有别于其他类型园林的最重要的特色。

第一节　治世安邦

历代皇家园林作为一种特殊的人造景观，除了具有游乐、居住、朝仪、理政等功能之外，还和宫殿、坛庙、陵寝等其他皇家建筑一样，象征着至尊无上的皇权，寄托着古代帝王治国平天下的理想，园林中的山水格局、建筑形式以及匾额题名都含有深刻的寓意，以歌颂太平盛世、天下一统，标榜帝王圣明、文武贤良，宣扬纲纪伦常、忠孝节义。

商代、西周和春秋战国时期的苑囿更强调享乐的功能，政治寓意尚不明显。秦始皇在消灭六国的过程中不断在咸阳北坂上仿建各国的宫殿台榭，正式建立秦朝后，又在渭水两岸大肆扩建宫苑，总体规划模仿天象，以渭水象征银河，诸宫象征星垣，表现出包容宇宙、四海一家的含义。之后很多朝代的重要御苑经常在一定范围内集中展现中国版图的地形地貌，以"移天缩地"的方式宣扬"普天之下，莫非王土"的思想，魏晋南北朝时期的华林园、北宋的艮岳、清代的圆明园和避暑山庄都是典型的例证。

历史上很多皇家园林采用"宫苑合一"的形制，除了大片的园林景观区之外，还设有相对独立的宫廷区。这类区域本身就是帝王举行朝仪和处理政务的地方，与治世安邦思想的关系更为紧密，通常采用较为规整的格局，秩序感更强。

从汉武帝独尊儒术开始，中国历代王朝均以儒家思想作为统治的基础，在两千多年的历史中形成了严格的等级制度，社会生活的各个方面都笼罩在强烈的礼制秩序之下，而建筑的多寡、大小、高低、色彩、位置同样也处处表现着主次、尊卑的封建等级关系，是"君臣父子"封建礼制等级观念的具体体现。中国皇家园林与宫殿一样，都是专制皇权的产物，严格尊奉这套礼制规范。一方面，汉代以后绝大多数的御苑中的建筑都体现了明确的等级差异，其中宫廷区外朝正殿的等级最高，而寝宫中则以皇帝的寝殿等级为最高，太后寝殿次之，皇后、妃嫔、皇子居所再次之，其他宫女、太监、园户的居所则处于卑微的地位。当然有极个别的例外情况，比如清代晚期的颐和园中以慈禧太后的寝宫为最高等级，光绪帝的寝宫反而处于较低的位置，反映了当时太后主政的特殊政治格局（图4-1-1）。

随着历史的发展，到了封建社会的后期，皇家园林中的景区营造比前代更多表现出"治世安邦"的寓意，尤以清代最为典型。以圆明园为例，其外朝区"正大光明"象征朝政清明，二宫门"出入贤良"和理政区"勤政亲贤"象征亲近贤臣、勤于政务（图4-1-2）；后湖周围设置九座岛屿，以"九州"代表"禹贡九州"的地理概念，象征九州清晏、天下太平的理想；此外另以一座"卍"字形平面的殿宇象征"万方安和"（图4-1-3），以几组怀山抱水的景致表现"廓然大公"、"茹古涵今"、"澡身浴德"、"涵虚朗鉴"等帝王品德，殿宇内的匾额、楹联、陈设、装修也都紧扣相关主题。又如畅春园正殿"九经三事"象征皇帝对儒家经典和辅政重臣的重视，避暑山庄中的外朝正殿"澹泊敬诚"象征"宁静致远"的情怀（图4-1-4）。

清代重要的御苑中大多设有一座勤政殿，西苑、圆明园、避暑山庄、清

图 4-1-1　颐和园帝后寝宫匾额与彩画比较

图 4-1-2　圆明园勤政亲贤

图 4-1-3　圆明园"卍"字房样式雷烫样（建筑模型）

图4-1-5 雍正帝御笔"勤政亲贤"匾

图4-1-4 避暑山庄澹泊敬诚殿宝座与匾额　图4-1-6 紫禁城御花园倦勤斋内景

漪园、静宜园、绮春园分别由康熙、雍正、乾隆、嘉庆诸帝亲自题写"勤政殿"匾额，殿内多刻有皇帝所撰的《勤政论》、《勤政箴》，时刻强调"为政在勤"的理念（图4-1-5）。又如紫禁城御花园中的倦勤斋室内有楹联曰"一贯惟诚主于敬，万几无旷本诸身"，也表达了类似的意思（图4-1-6）。凡此种种，共同呈现出政通人和、国泰民安的盛世图景。

第二节　田园村舍

　　古代皇家园林中有一种景致主要以模仿农家田园村落风光为主题，包含成片的农田、菜圃和农舍建筑，具有特殊的景观价值，同时又有深刻的文化内涵。

　　菜圃和农田本身含有一定的园林景观因素。从上古时代起，园圃就是中国古典园林的重要源头。汉代上林苑中包含大片真正的农田和菜园，主要承担生产基地的功能。未央宫的园林区辟有"弄田"，则属于特殊的景观设施，皇帝偶尔亲自在此表演耕作。

　　到了魏晋时期，官僚、文人的庄园和田园式别业大量兴起，菜圃和农田在园林中也已经成为常见的表现内容，如石崇的金谷园中有"金田十顷"，潘岳的洛阳郊外庄园中有蔬园可灌，孔灵符的永兴别墅中有水陆田地260顷，著名山水诗人谢灵运的会稽别业也有大片的庄田。田园又被看作是历代高士退隐的恬然之居，东晋陶渊明辞官隐居后作有《归园田居》、《归去来兮辞》、《饮酒》等诗文，经过后世历代文人的一再赞颂，成为高逸遁世的一种象征。

　　唐代别墅园林继续发展，同时田园诗日渐兴起，成为诗坛的重要流派，在文人山水画中也有很多表现山村田野的作品，进一步引发了上层社会对田园风光的热爱，也使得在园林中营建类似景致成为一种重要的追求。为了与田园景色相协调，园林中也经常设有类似村舍风格的屋宇，这种竹篱茅舍式的小筑与菜圃、农田相得益彰，成为文人园林所向往的一种重要的景观类型，甚至有许多文人园亭直接被冠以"草堂"、"茅斋"之名，如杜甫、白居易、卢鸿一等人均有草堂留名于世。

　　到了明清时期，园林中追求田园风味的趋向依然存在。明代造园家计成在《园冶》一书中总结园林选址中包括"村庄地"，指的就是以乡村田野为造园地段，南北方很多私家园林中都设有菜地，搭建瓜棚藤架，景致清幽。《红楼梦》中描写贾府大观园也曾经设有一处"稻香村"，里面建了几间茅草屋，还凿了一口土井，旁边辟有几亩菜畦，蔬香四溢，很受贾政的欣赏。

　　相比而言，皇家园林中田园景象较晚形成明显的风气。明代在西苑南海一带设有御田，其风貌类似于村野，尚属个别情况。相比而言，清代统治者对此类风光最为重视，在皇家园林中大加经营，景致极为丰富，算得上是中国古典园林田园景观的集大成者。

　　清代大内西苑中有一个丰泽园，开辟了几亩稻田，康熙帝、雍正帝和乾隆帝在赴先农坛演耕之前，都曾经先在这里预演一下；清代第一座离宫畅春园无逸斋南面有数十亩菜园，北面是稻田数顷；玉泉山静明园中设"溪田耕课"一景，临河开辟大片水田，农家景色历历在目；此外避暑山庄万树园的东南部在康熙年间也曾开辟农田和园圃，种植御稻和各类瓜果蔬菜（图4-2-1）。清漪园周围有很多水田，乾隆帝并没有在园内再开辟田圃，而是别出心裁地在昆明湖西岸的延赏斋中设置一系列石碑，碑上刻有全套的《耕织图》（图4-2-2、图4-2-3），还把内务府的织染局搬迁到这里，以提倡男耕女织的经济观念。

图 4-2-2　清漪园《耕织图》之一　　　　　　　　　　图 4-2-3　清漪园《耕织图》之二

　　这类景致在圆明园中数量最多（图 4-2-4），其中始建于康熙年间的杏花春馆呈现出一个小山村的典型面貌，村头立有"杏花村"石碣，屋宇仿农家小屋，四处散种杏花点题，中央围着一片菜畦小圃，圃之北设了一座井亭，有灌溉小渠连通菜地。澹泊宁静景区主体建筑是一座形制独特的田字殿（图 4-2-5），周围稻田弥望、河水周环，用符号的形式凸显田园主题。映水兰香景区除水田之外，还建造了丰乐轩、知耕织、多稼轩、观稼轩、稻香亭等建筑，其名称均与农田有关（图 4-2-6）。多稼如云景区北部辟有一方农田，道光、咸丰间将南部的荷塘也一并改为稻田。北远山村景区则以若干草庐模仿山村景致。此外还在其他景区中点缀菜圃、村舍，园北墙外则是大片真正的皇家农田，登上园内的楼阁可以直接俯瞰稻花十里的盛景。

皇家园林中这类景区的建筑较少用游廊围成规整的院落，格局多比较分散，而且经常利用篱笆、虎皮石墙来分隔空间，更有村野风味。植物方面基本以水稻田或菜畦、蔬圃为主，少数地方种麦子，配以高大绿色乔木，整片

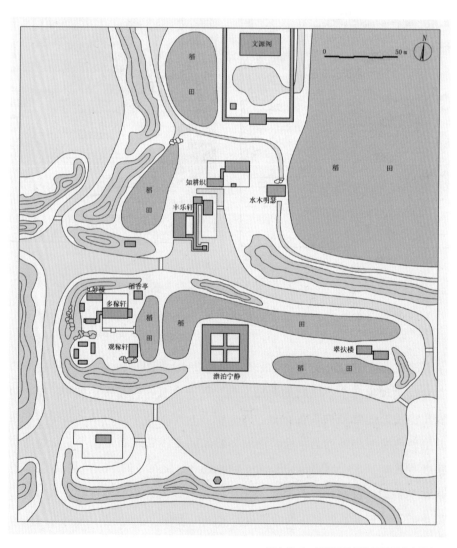

图 4-2-4　圆明园局部地区稻田分布示意图

图 4-2-5　圆明园田字殿
图 4-2-6　圆明园映水兰香
图 4-2-7　清人绘《胤禛观稼图》

的稻麦与蔬菜瓜果直接成为主要的造景素材，春绿秋黄，其视觉效果略有
些类似西方园林中的大片草坪。这些田圃除了景观作用外，同时还兼有一
定的生产功能，平时由农夫负责耕种，设庄头管理，不但能够为园居的皇
室提供日用的优质稻米和蔬菜，还可向外出售获利。

　　皇家园林中的田园景观充分体现了古代帝王的"重农"思想。古代中国
一贯以农业为经济基础和立国根本，农民是社会的主体，国家财政的收入主
要取自农业赋税，历代王朝多对农业高度重视，早在周代天子就有亲耕之礼。
后世帝王在皇家园林设置农田菜圃，除了偶尔演耕之外，主要的目的是为
了"观稼"，就是通过御苑中的农田来观察庄稼的长势，考量雨水是否充沛，
具有类似试验田的性质，在一定程度上突破了宫禁的限制，成为皇帝了解
农业生产的一个重要窗口，同时也有寄托农业丰收愿望的含义（图 4-2-7）。
这类景区中的建筑大多模仿简陋朴素的村舍，常常被看作是帝王崇尚节俭
的美德的重要体现，同时也寄托了最高统治者对隐逸脱尘的人生境界的向
往之意，含义非常复杂。

　　另外值得一提的是，古代皇家园林中所设的田园景观除了具有造景功
能、生产功能以及特殊的文化含义之外，还有一个相对次要的功能，就是
教育皇子。古代年幼的皇子一般随皇帝一起园居，御苑中的田圃可以帮助
深宫中的皇子们了解农业的基本知识，从小灌输重农思想，不至于长大后"五
谷不分"。

第三节　昆蓬仙境

　　自古以来，中国人常以"宛如仙境"来形容美丽的风景，而历代皇家园林往往直接以传说中的神仙境界为主题，塑造出美轮美奂的景观效果，形成一项极为重要的造园传统。

　　中国古代神话中很早就有神仙居于"仙山"的传说。上古仙山传说主要有西方昆仑与东海仙山两大体系。《穆天子传》记载昆仑山为西王母所居，上有层层叠叠的玉楼琼阁，左带瑶池，右环碧水，山下还环绕着九重弱水，需要乘坐飚车羽轮飞行才能到达。显然这座神话中的昆仑山与现实世界中冰天雪地的昆仑山截然不同，纯粹出于美好的想象。

　　关于海上仙山，最早的说法是东海之上有蓬莱、方丈、瀛洲三座仙山，依托烟波浩淼的大海，山上以金银建造宫阙，其中住着很多仙人，种着长生不死之药。三岛随风漂流，船只无法靠近。《列子》详细记载海上共有岱舆、员峤、方壶、瀛洲、蓬莱五座仙山，每座山周长三万里，山顶平坦，其上以金玉为台，禽兽均为白色，所种果实食之可长生不老。

　　战国时期齐威王、齐宣王、燕昭王都曾遣人入海寻求仙山，均无功而返。秦始皇统一天下后，派遣徐福统领大批童男童女远航探求，结果仍是杳无音讯，于是就在兰池宫中凿池筑岛，模仿海上仙山。同样热爱方术的汉武帝也在建章宫中设置一池三山，再现了海外仙山的图景。

　　东晋时期一个名叫王嘉的文人写了一本《拾遗记》，书中提到的仙山共有八座，包括昆仑、蓬莱、方丈、瀛洲、员峤、岱舆、昆吾、洞庭。后人伪托西汉东方朔所作的《海内十洲记》中提出四海之内共有十座大型洲屿，其中东海有祖洲、瀛洲、生洲，南海有炎洲、长洲，北海有玄洲、元洲，西海有流洲、凤麟洲、聚窟洲，都是神仙聚居的仙岛，此外还有沧海岛、方丈洲、扶桑、蓬丘、昆仑另外五座仙山，总数达到十五座。这样海上仙山的系统一再扩充，东南西北四方海域遍布，颇为壮观，也为后世的皇家园林造景提供了丰富的题材。

南北朝以降，以"海上仙山"和"昆仑仙境"为代表的模式在历代宫苑中层出不穷，北齐邺城、南陈建康、隋代洛阳西苑均曾有"三山"之设，隋唐洛阳宫内还设有九洲池，池中筑有九岛象征东海九洲；唐代长安大明宫太液池分东西二池，西池上筑大岛，名蓬莱山，岛上建仙居殿等建筑；受中原王朝影响的渤海国上京龙泉府禁苑水池、日本飞鸟京迹苑池以及新罗东宫雁鸭池中也都有类似"一池三山"的景象。金中都的西苑中有瑶光殿、瑶池殿、瑶光台、瑶光楼等建筑，比拟昆仑仙境。元大都御苑设太液池，其中以万岁山、圆坻、犀山象征三仙山（图4-3-1）。明清将元代太液池改为西苑三海，其中北海琼华岛和南海瀛台同样是仙山的化身，琼华岛上还辟有方池，池中置三块奇石，形成"一池三山"的缩微景象。

图4-3-1　元人绘《海上三山图》

清代皇家园林中模拟仙境的例子更多。圆明园中以大湖福海象征东海，其中筑有三座岛屿，一大两小，代表蓬莱、方丈、瀛洲三岛，景名"蓬岛瑶台"，实际上是综合了蓬莱山和昆仑瑶台两大神话典故，是清帝泛舟游览的重点景区（图4-3-2）；福海东北处的方壶胜境由一组极为富丽的楼阁建筑组成，整个景区共设九座楼阁建筑和三座高台重檐亭子，其间以石拱桥以及爬山廊、复廊连接，高低错落，屋顶均采用五色斑斓的琉璃瓦，共同呈现出一派华丽之极的景象，比拟仙境中的金玉楼阁（图4-3-3）；圆明园西北角的紫碧山房象征着昆仑山；绮春园中的凤麟洲是传说中的海内十洲之一，由东西二岛组成；长春园中的海岳开襟和清漪园中的治镜阁都在圆形石台上构筑楼阁，四周以圆形游廊环绕，是对仙山楼阁的另一种表达形式；静明园玉泉湖中也都设有类似的三岛。清漪园（颐和园）昆明湖中筑南湖岛、藻鉴堂和治镜阁三个大岛，同样是东海三山的象征（图4-3-4）。

古代神话中的仙境都位于山岳之上，概括而言，主要有四个重要特征：一是常常四面环水；二是多建崇楼峻宇；三是有

图4-3-2　清帝圆明园福海泛舟图
图4-3-3　圆明园方壶胜境楼阁建筑群

图 4-3-4　颐和园一池三山航拍图

各种神药异卉；四是多龙凤麒麟之类的祥禽瑞兽。皇家园林中的"仙境"
正是通过在一定程度对这些特征的再现，塑造出优美的景象和深远的意境。

　　无论蓬莱还是昆仑，神话中的仙山大多居于水上，因此历朝宫苑模拟
仙山妙景的时候都会先挖大池，再在池中筑山，以水喻海，以岛比附仙山。

神话中关于仙居的描述总是离不开富丽堂皇的楼阁建筑，其情形多为楼阁高台耸立、金玉珠宝杂陈的绚丽图景。中国楼阁的起源本来就有通神求仙的含义，历代宫苑中塑造"仙境"，往往也离不开极度华丽的楼台殿堂，如汉代建章宫太液池设高达二十余丈的渐台，隋代西苑内楼殿穷极壮丽，陈朝华林园中修建三座高楼等等。反过来，春秋战国、秦汉魏晋以来宫苑中盛行的"高台厚榭"也会对长期流传的神话中的仙境描绘产生影响，以至"仙山楼阁"逐渐成为一种固定的词组搭配（图4-3-5）。因此，皇家园林中的"仙境"也大多以楼阁建筑为主，色彩华丽，与假山、水面相映，愈加显得玉宇凌波，超逸不凡，圆明园方壶胜境虽然仅剩台基遗址，从巨大的汉白玉残件上仍可感其巍峨的气度（图4-3-6）。北宋金明池中有一组殿宇位于水面中央，以一圈游廊围合，核心位置构筑了一座二层楼阁，这一模式被后世皇家园林中的仙山楼阁所继承，元代太液池圆坻（后世演变为北海团城）、清代长春园海岳开襟（图4-3-7）和清漪园治镜阁（图4-3-8）都表现出相

图4-3-5　元代陆广绘《仙山楼观图》　　　　　　　　　图4-3-6　圆明园方壶胜境遗址

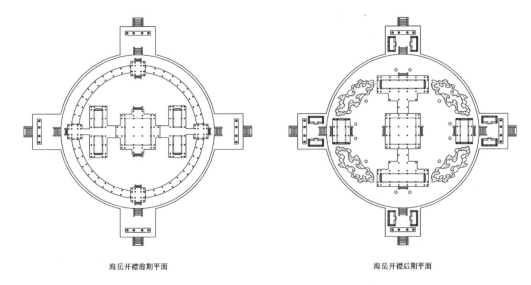

海岳开襟前期平面   海岳开襟后期平面

图 4-3-7 长春园海岳开襟不同时期平面图

图 4-3-8 《京畿水利图》中的清漪园治镜阁

图 4-3-9　清代贾全绘《登瀛洲图》

图 4-3-10　西苑北海仙人承露盘

似的格局，清代宫廷画家贾全所绘的《登瀛洲图》也以这种形式的楼阁建筑为主景（图 4-3-9）。

　　神话中的仙山充满了仙草神药之类的植物和鸾凤瑞麟之类的珍禽异兽，现实世界的园林中自然无可寻觅，历代皇家园林大多通过种植形如蛟龙的松树以及传说可引来凤凰的梧桐树来加以表现，此外还设置一些龙、凤、麒麟的雕塑，并饲养鹤、鹿等吉祥动物。汉武帝曾经在宫苑中设有青铜仙人，手托玉盘，以承甘露，曹魏宫苑以及清代北海和绮春园中也曾加以仿制（图 4-3-10、图 4-3-11）。

　　秦汉以来的皇家宫苑中屡屡兴建仙境之景，其实是历代帝王向往仙境、希求长生心理的反映和补偿，同时也为御苑带来最为绚丽的一道风景线。

图 4-3-11 绮春园仙人承露盘（复制品）

第四节　神佛世界

古代皇家园林中对仙境的塑造虽然以神话传说为主题，但并没有多少宗教内涵。历代宫苑中另有很多真正的宗教性建筑，成为另一类重要的景观类型。

早期帝王苑囿中的高台可举行通神、祭祀仪式，具有一定的原始宗教功能。汉代以后，佛教盛行，道教兴起，在南北朝时期盛极一时，但尚未发现在皇家园林中大规模构筑佛寺、道观的记载，仅有个别特例，如梁代建康华林园重云殿内供大佛，并在此举行讲经大会；又如北齐邺城华林园中曾建有一座"雀离佛院"。

隋唐至明清，此类建筑在御苑逐渐流行。隋炀帝所营洛阳西苑的北海中堆筑岛屿，岛上修筑道观。唐代皇帝多信奉道教，也尊崇佛教，曾在太极宫后苑东北隅建造佛堂；骊山华清宫西秀岭上有朝元阁和老君殿两座道观；大明宫的园林区所建宗教建筑较

图 4-4-1　紫禁城御花园钦安殿

图 4-4-2　紫禁城御花园香炉

多，东部的大角观、玄元皇帝庙和西部的三清殿都是道观，另有一座明德寺属于佛寺性质。北宋艮岳中设有道观和佛教庵堂。元代大内御苑中的殿宇兼作佛事场所。明代所建紫禁城御花园中心位置的钦安殿也是一座道教建筑（图4-4-1），殿内供奉玄天上帝神像，殿外设香炉（图4-4-2）；慈宁宫花园的殿宇具有佛堂的功能，整座庭院宛如一座寺庙园林；嘉靖帝还曾经在西苑建造亲蚕殿、蚕坛、土谷坛和祀奉水神的金海神祠。

清代御苑中宗教性建筑数量大大增加，囊括儒、佛、道三家和很多民间祠庙，分别祀奉各路神佛和皇室祖先、圣贤。紫禁城御花园钦安殿和慈宁宫花园佛堂均继续保留，钦安殿西南的假山旁建造了一座八角形平面、北出抱厦的四神祠，东侧的万春亭曾经供奉关帝塑像，西北角的位育斋一度改为佛堂。

清代对西苑三海进行较大规模的改建，重点就是修建更多的宗教建筑，佛教建筑的地位尤其突出。北海琼花岛以永安寺为中心（图4-4-3），白塔成为整个西苑的景观标志；北海东北岸的先蚕坛是祭祀蚕神的地方；北岸的西天梵境（图4-4-4）、阐福寺、极乐世界均为大型佛寺，格局完整；中海西岸的万善殿和千圣殿在明代时本为道教场所，清代改为佛殿；西北角本是明代的蚕坛、蚕殿旧址，清代为了祈雨，在此另建时应宫，供奉各路龙神。

图4-4-3　西苑北海永安寺

图4-4-4　西苑北海西天梵境钟楼

圆明三园中宗教性建筑的数量最多。属于儒家系统的有供奉历代清帝御容的安佑宫（图4-4-5）和祀奉孔子的圣人堂；属于佛教系统包括圆明园的慈云普护、日天琳宇、月地云居（图4-4-6）、舍卫城、同乐园之永日堂、曲院风荷之洛伽胜境、长春园的法慧寺、宝相寺、梵香楼，绮春园的正觉寺、延寿寺、庄严法界，以及九州清晏、含经堂、鉴园等景区所附设的佛堂等，其中既有大型寺院和小型寺院，也有独立的佛殿、佛堂。

　　圆明三园中并没有严格意义上的道观建筑，但却拥有大量的祠庙殿宇，

图4-4-5　圆明园安佑宫大殿

图4-4-6　圆明园月地云居佛寺建筑群

图4-4-7　圆明园涵虚朗鉴北侧龙王庙

图4-4-8　圆明园广育宫

图 4-4-9　圆明园杏花春馆土地祠　　　　　　　图 4-4-10　圆明园瑞应宫

分别祭祀龙王、关帝、土地、花神、风云雷雨诸神、玉皇、天后、河神、碧霞元君、文昌帝君、蚕神、刘猛将军、太岁、天神、吕祖、山神、魁星、城隍等等各路神灵，十分庞杂，几乎都源自民间信仰，其中相当一部分可以归入道教范畴，也有一些难以归类，同时又大多被列入清代的官方祀典，具有自身的特殊地位。这些祀庙祠宇大多不拘朝向，东西南北都有。屋顶形式也包含歇山、悬山、硬山、攒尖等各种造型，以卷棚悬山的比例最高，歇山次之，也有部分殿宇带有正脊和吻兽，显得形制更隆重一些，但没有最高等级的庑殿顶。另外很多祠宇的外面都设有旗杆。除了个别实例之外，这些祀庙祠宇建筑的造型均无特异之处，规模相对有限，大多都掩藏于山后溪间之一隅（图 4-4-7），其中供奉碧霞元君的广育宫位于福海南岸的山巅（图 4-4-8），供奉土地公和土地奶奶的土地祠位于杏花村馆菜圃旁（图 4-4-9），供奉龙王的瑞应宫与佛楼混合在一起（图 4-4-10），景象较为特别。

325

乾隆帝一手策划的清漪园中同样有较多的宗教建筑。万寿山中央位置建有大报恩延寿寺（图4-4-11），由山门、天王殿、钟鼓楼、大雄宝殿、佛香阁、众香界、智慧海等建筑组成，其中佛香阁体量高峻，造型端庄，成为整个前山景区的核心建筑，具有不可替代的

图4-4-11 乾隆年间清漪园大报恩延寿寺景象

地位，阁内供奉千手观音像。大报恩延寿两侧的宝云阁、罗汉堂、转轮藏（图4-4-12）、慈福楼都是佛教建筑，具有很好的烘托作用。后山的须弥

0　　　　　3m

图4-4-12 清漪园转轮藏立面图

灵境融合汉藏风格，再现了佛国世界的景象（图4-4-13）。前山的重翠亭、山色湖光共一楼内部都设有佛像，后山另有妙觉寺、云会寺、善现寺等小佛寺和花承阁多宝塔等建筑。昆明湖中的东侧大岛上保留了原有的龙王庙，改名为广润祠。此外，昆明湖东侧的文昌阁上供奉文昌帝君，西侧宿云檐城关上供奉关帝，二者呼应。这些宗教建筑大多被光绪年间重建的颐和园所继承。

香山静宜园中始建于唐代的香山寺规模宏大，清代依旧得以保留，成为园内最重要的景区之一。藏式风格的宗镜大昭之庙是一组汉藏混合风格的大型佛寺，乾隆四十五年（1780年）因为纪念六世班禅朝觐而建，西端的山巅高台上建有七层琉璃塔。玉华寺、龙王堂等小寺庙点缀在山间，具有陪衬的作用。

玉泉山静明园范围虽不很大，其中的宗教建筑数量也不少，俨然佛道名山。西侧的东岳庙是一座大型道观，南侧的真武祠规模较小；南峰建香岩寺，寺院后部的玉峰塔成为全园的标志建筑，与北峰上的妙高寺塔遥相呼应。此外还有清凉禅窟、圣缘寺、华藏海、水月庵等小寺院和关帝庙、龙王庙等

图4-4-13　颐和园须弥灵境现状鸟瞰

图 4-4-14　静明园琉璃塔旧照

祠宇。这些寺庙大多与玉泉山特有的奇异石洞相结合，具有自身鲜明的特色，其中 4 座佛塔的点景作用尤为明显（图 4-4-14）。

皇家园林是帝王、太后、后妃、皇子等皇室成员以及太监、宫女、侍卫、园户的生活场所，人员构成复杂，称得上是一个具体而微的小社会，从上至下对各种事务都有避灾祈福的心理需求，不同种类的寺观祠宇则从多方面充分满足了这种需求。御苑中各种庙宇所奉的神佛五花八门，它们当中除了佛祖、菩萨、玉皇、三清、真武大帝之外，文有文昌，武有关圣，水有龙王，陆有土地神，种花有花神，养蚕有蚕神，生育有求子之神，各司其职，充分反映了中国古代社会混杂的信仰状况。

皇家园林中的神佛世界不但寄托着历代统治者的拜佛、求神的精神需求，也为御苑带来绚丽奇幻的景致。这些祭祀建筑包含殿、堂、塔、亭、台等不同形式，装饰华美，相比其他景区而言，往往呈现出特殊的艺术造型，表达特定的宗教含义，并与山水环境和植物完美结合，成为全园最引人注目的焦点。清代统治者崇信西藏的喇嘛教，在御苑中大量引入藏族风格的佛寺，为这类建筑带来了新的变化。乾隆帝有两句诗说得很好："无论西土东天，倩他装点名园。"意思是不管是哪里的宗教、何种风格，都可以为御苑美景增色。由此可见，皇家园林中各类寺院、道观、庙堂、祠宇具有其他景区所不可替代的景观价值，精彩纷呈，体现了宗教文化对园林的深刻影响。

第五节　写仿天下

中国皇家园林中除了模拟传说的仙境之外，还经常以全国各地现实存在的各种山岳河湖和名园胜景为范本进行造景，通过仿建的方法在御苑中重现天下美景。

这种造景手法被称为"写仿"，就是"摹写＋模仿"的意思。秦始皇是最先采用这一手法大建宫苑的君主。他在攻灭六国、统一天下的同时，派人把每个国家宫殿苑囿的样式画下来，然后在咸阳北面的山坡上进行仿建，形成连绵相接的宫苑建筑群，博采众长，创造出前所未有的大秦雄风。

之后的历代皇家园林继承了这一传统，但写仿的对象以自然界的名山为主，例如东汉洛阳西园以大假山模仿关中少华山，东魏邺城仙都苑中堆山模仿五岳，北宋东京艮岳中筑山以仿杭州凤凰山和万松岭，南宋临安德寿宫叠石以仿灵隐飞来峰，均以相对较小的尺度概括其形，勾画其神，具有类似写意山水的情趣。

清朝的皇家园林将这一手法进一步发扬光大，成为御苑造景最主要的方式，圆明三园、清漪园和避暑山庄这几大御苑中都有很多写仿式的景观，而且写仿的对象除了名山、名水之外，还扩大到私家园林、公共景观建筑和佛寺、祠庙，尤其以江南地区的名胜风景所仿最多。具体来看，这些写仿景观大概有六种不同的情况。

第一种写仿是以园仿园，即以某一座江南名园为原型，在御苑中仿建一座相对独立的园中之园，比如圆明三园中先后建有仿海宁陈氏园的安澜园、仿江宁瞻园的如园、仿扬州趣园的鉴园，清漪园园中建有仿无锡寄畅园的惠山园（后改称谐趣园）（图4-5-1）。这些写仿园林的重点在于模仿原型的布局结构。乾隆帝对苏州狮子林最为喜爱，曾经先后在长春园和避暑山庄各仿建了一座狮子林（图4-5-2）。这两座狮子林的布局与原型十分相似，

图 4-5-1　颐和园谐趣园与无锡寄畅园

图 4-5-2　避暑山庄文园狮子林图与苏州狮子林图

图 4-5-3　避暑山庄文津阁与宁波天一阁

图 4-5-4　圆明园坐石临流图与绍兴兰亭图

均采用"匚"形水池，西岸裁为直线，堂、楼、轩、榭、亭、桥等主要建筑基本与苏州狮子林一一对应，甚至开间数也大体一致，同时还征召江南的匠师来堆叠形态约略相同的假山，成为原型的最佳翻版。其他具有写仿性质的园中园大多在借鉴原型布局的基础上进行适当的变化，与原型的相似程度不如狮子林那样高，但山水脉络和建筑物往往都存在明显的对位关系。

　　第二种写仿侧重于仿建某种特殊形式的景观建筑，其中具有代表性的实例是仿宁波天一阁的避暑山庄文津阁（图 4-5-3）与圆明园文源阁、仿绍兴兰亭的坐石临流、仿杭州龙泓亭的飞睇亭、避暑山庄中仿镇江金山寺的小金山、仿嘉兴烟雨楼的青莲岛烟雨楼，清漪园中仿武昌黄鹤楼的望蟾阁、仿湖南岳阳楼的景明楼、仿杭州蕉石鸣琴的睇佳榭等等。这类写仿手法不但模仿原型核心建筑的形制，同时也充分考虑环境和配景的呼应。例如圆明园中的坐石临流始建于雍正时期，以绍兴兰亭为原型（图 4-5-4），在崎岖不平的山石上构筑一座重檐方亭，蜿蜒的溪流从中穿越，四周种植茂林修竹，完整地再现了东晋王羲之《兰亭序》的意境，后来又改为八角亭，立八根石柱分别镌刻《兰亭序》的八种摹本，升华了主题。又如黄鹤楼位于长江岸边，岳阳楼位于洞庭湖畔，而清漪园中分别仿此二楼而建的望蟾阁和景明楼也同样依临辽阔的水面，具有相同的点景作用。

第三种写仿是同主题的景观再现。这种情况并不强调对原型的布局结构或建筑形制的刻意模仿，而是以写意的方式模拟原型的山水植物景貌以及场所意境，属于"得其意而忘其形"的变体创作，如圆明园中仿设的西湖十景大多如此。这十景除了三潭印月逼真地仿建了三座小石塔而外（图4-5-5），其余诸景实际上与西湖的十景原型差异很大，平湖秋月、曲院风荷（图4-5-6）、柳浪闻莺、花港观鱼等景区所取的重点分别在于湖月、荷花、柳荫、花港和游鱼等主题，而非原型的园林格局或建筑形式；圆明园中的苏堤春晓只是岸边的一小段河堤，断桥残雪是一座简单的木板桥，远非西湖原貌，乃是以符号化的手段进行点题；而两峰插云（图4-5-7）、雷峰夕照、南屏晚钟则与原型差距更大，仅是环境风貌略有几分相似，在此借用西湖旧景之名而已。

图 4-5-5　圆明园三潭印月遗址与杭州西湖三潭印月

图 4-5-6　圆明园曲院风荷图与杭州西湖曲院风荷图

第四种写仿情况是对个别名山或某些名园的假山片段进行模仿。例如圆明园西峰秀色有一段假山模仿江西庐山，还以西洋机械装置营造瀑布，题名为"小匡庐"；圆明园廓然大公景区北部的假山曾经模仿无锡寄畅园假山做过改造（图4-5-8）；此外，乾隆帝对苏州寒山别墅的千尺雪假山十分喜爱，分别在圆明园紫碧山房以及盘山静寄山庄、承德避暑山庄中加以仿建，还曾在圆明园别有洞天景区模仿西湖龙井一片云堆叠假山。

第五种写仿是对一些著名佛寺或祠庙的仿建。典型者如清漪园后山须弥灵境的后半部分则直接以西藏地区著名的古寺桑耶寺为蓝本（图4-5-9），中央修筑大型楼阁，周围按照佛经中关于"四大部洲"的说法设置大小不同的塔、殿。类似的例子还有圆明园中模仿杭州的花神庙建汇万总春之庙，北海的阐福寺中模仿河北正定龙兴寺大佛阁修建了一座万佛楼，静明园仿镇江金山寺慈寿塔

图4-5-7　圆明园两峰插云亭图

建七层玉峰塔。嘉庆帝曾经专门派遣官员测绘江苏淮安府运河边的惠济祠与河神庙，并在绮春园中加以仿建，以此寄托减少淮河水患的愿望。皇家园林中有些寺庙里的佛像或神像也参照了江南寺庙来塑造，例如长春园宝

图4-5-8　圆明园廓然大公假山遗址与无锡寄畅园假山

图 4-5-9　清漪园须弥灵境复原图与西藏桑耶寺

相寺的观音像就是按杭州天竺寺的木雕观音像精制而成的。

　　第六种写仿手法是通过地形改造，对某处风景区的山水形态进行大规模的模拟，气魄最大，以模仿杭州西湖的清漪园为典型代表。杭州西湖是人工创造与自然美景的完美结晶，唐代以来文人题咏的诗词文章数不胜数，堪称天下最著名的风景区。清代康熙、雍正、乾隆三帝均曾游览过西湖风光，雍正帝在圆明园中首先仿造了一个平湖秋月，而乾隆帝的西湖情结更为强烈，不但在圆明园中完成了全部的西湖十景，还以西湖的湖山环境为蓝本，对昆明湖和万寿山进行改造，形成了一片与杭州西湖形神皆似的优美景观（图 4-5-10）。昆明湖虽然尺度略小于西湖，但两处水面的平面轮廓基本一致；昆明湖上筑有西堤，和西湖苏堤一样均呈东南－西北方向布置，而且堤上都以六座石桥串联；万寿山与孤山一样都位于湖北岸，万寿山中部位置的大报恩延寿寺也与孤山中部的康熙行宫一样居于主导地位；而清漪园以西的玉泉山、香山等山峰也如同西湖西侧的群山一样，成为可以凭眺的远景；万寿山山北有一湾曲折狭长的后河，也正相对于孤山北面的里湖。二者对照，几如孪生姐妹。如此高度相似的大规模仿建，也是清代皇家园林中绝无仅有的一个例子。

以上六种情况是清代皇家园林主要的写仿类型。此外还有个别特例难以归类，例如乾隆帝曾以缩微景观的方式在一个封闭的小院落仿建了杭州的小有天园，其中的建筑均为锡造的模型，假山和植物的尺度都很小，宛如盆景，还在假山周围的三面墙上作壁画，表现西湖南岸的湖山环境。

前文所述均为有特定范本的写仿实例，如果把眼光放得更宽一些，可以发现其实清代皇家园林中很多其他的景致也同样广泛借鉴了江南园林的造园手法，在叠山、理水、建筑、装修乃至花木配植等方面都体现出相似的意趣，可以算是一种泛化的写仿。御苑中常见的曲池水湾、画舫亭桥、粉墙漏窗，均受江南园林深刻影响。在植物配置方面，身处北方的皇家园林常常克服气候等不利因素，不惜工本大量培植江南品种的花卉树木，如梅花、兰花、芭蕉等等，还大量开辟水稻田以作观稼的场所，都是为了再现明媚的江南风光。

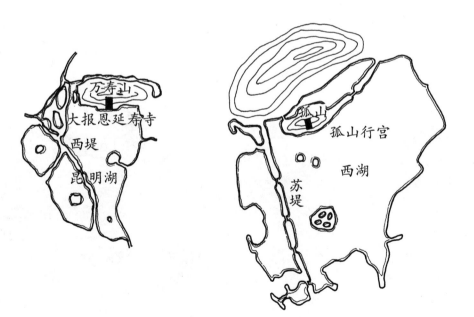

图 4-5-10　清漪园与杭州西湖平面图

清代的皇家园林建设热衷于写仿，体现了帝王对以江南为代表的其他地区的名园和风景名胜的向往之情，也时刻提醒统治者对远离京畿千里之外的臣民保持一定的关注，同时还象征着"天子以四海为家"、"普天之下莫非王土"的思想，满足其"万物皆备于我"的占有心理。

　　乾隆帝特别强调在借鉴原型的优点的同时绝不能舍弃自己的长处，切忌把仿建工程搞得与原型一模一样，而是要根据新环境的具体情况因地制宜，重新进行设计，获得既与原型神似又别具新意的效果。写仿工程的具体内容一般都根据新的地段条件作了相应的增删变更。比如避暑山庄的小金山，所在地段只是一座土丘，规模比镇江金山要小得多，设计者没有照抄原型金山寺的建筑式样，而是以小尺度的简化方式模拟出原型的基本轮廓和环境特征，特别以一座三层高的天宇咸畅阁（又名金山亭）来对应镇江金山寺的七级慈寿塔，介于"似与不似"之间，正显其妙（图4-5-11）。从这点来说，古代皇家园林中的写仿工程是一种推陈出新的再创造过程，而非简单复制的"山寨版"，对于我们今天建筑、园林创作具有很好的启示意义。

图4-5-11　避暑山庄小金山与镇江金山寺景致

结 语

　　皇家园林是中国古代造园史上最重要的园林类型，主要集中在长安、洛阳、建康、开封、杭州、北京六大古都及其周边区域。

　　几乎每一个王朝和割据政权都会倾注巨大的力量来修建御苑，秦汉、隋唐和清代是三次高潮时期，分别代表了封建社会早期、中期和晚期园林艺术的最高水平。明清之前的皇家园林基本上都已经消失或仅剩下遗址，只有一些文献和图画信息流传至今。现存的皇家园林大多为清代所建或经过清代的重修、改造，其中北京的紫禁城御苑、西苑三海、颐和园和承德的避暑山庄保存着较多的原物，静宜园、静明园仅余局部，而圆明三园只留下残缺的遗址。以上实例虽远非中国古代皇家园林的全貌，依然展现出极为辉煌的艺术成就，其中颐和园和避暑山庄已被联合国教科文组织列入世界文化遗产名录。

　　相对其他园林类型而言，皇家园林功能更复杂，规模更大，建筑形式多变，山水尺度宽阔，植物种类丰富，造景手法博采众长，既继承历史上出现过的经典题材，又能借鉴同时期其他地区的山水名胜、园亭寺庙的景致特色，融会贯通，移天缩地，堪称精彩绝伦的园林杰作，整体上呈现出华丽壮观的皇家气派，细节上又常常出现精致幽雅的特点。

　　在文化内涵方面，皇家园林承载着多重的宗教信仰和哲学思想，诸如昆蓬仙境、田园村舍、寺观祠庙、曲水流觞等等景区都具有特殊的象征含义，全面展现了古代文化的精彩华章。所有这些内容，都值得我们去悉心品味、欣赏与传承。

参考文献

[1] [明]计成著.陈植注释.园冶注释.北京：中国建筑工业出版社，1981

[2] [清]王士祯.居易录.清代康熙四十年刊本

[3] [清]高晋等编.南巡盛典.清代乾隆三十六年刊本

[4] [清]阿桂.和珅等编.南巡盛典.清代文渊阁四库全书本

[5] [清]沈德潜等.西湖志纂.清代乾隆二十年刊本

[6] [清]于敏中等编撰.日下旧闻考.北京：北京古籍出版社，1981

[7] [清]吴振棫.养吉斋丛录.北京：北京古籍出版社，1983

[8] [清]昭梿.啸亭杂录.北京：中华书局，1980

[9] [清]姚元之.竹叶亭杂记.北京：中华书局，1982

[10] [清]奕䜣等编.清六朝御制诗文集，清代光绪二年刊本

[11] [清]昆冈等纂.大清会典事例，清代光绪二十五年刊本

[12] [清]陈其元.庸闲斋笔记.北京：中华书局，1989

[13] 赵尔巽等编.清史稿.上海：上海古籍出版社，1986

[14] 中华书局编辑部编.清会典.北京：中华书局，1991

[15] 中国第一历史档案馆编.圆明园.上海：上海古籍出版社，1991

[16] 徐珂编撰.清稗类钞.北京：中华书局，1984

[17] 故宫博物院编.清史图典.北京：紫禁城出版社，2001

[18] 紫禁城出版社编.帝京旧影.北京：紫禁城出版社，1994

[19] 汤用彤等编著.旧都文物略.北京：北京古籍出版社，2000

[20] 傅公钺等编撰.旧京大观.北京：人民中国出版社，1992

[21] 舒牧等编.圆明园资料集.北京：书目文献出版社，1984

[22] 张恩荫.圆明园变迁史探微.北京：北京体育学院出版社，1993

[23] 周维权.中国古典园林史.北京：清华大学出版社，1999

[24] 清华大学建筑学院编.颐和园.北京：中国建筑工业出版社，2000

[25] 张恩荫.圆明园大观话盛衰.北京：紫禁城出版社，2004

[26] 张宝章.海淀文史·京西名园.北京：开明出版社，2005

[27] 汪菊渊.中国古代园林史.北京：中国建筑工业出版社，2006

[28] 傅熹年.古建腾辉——傅熹年建筑画选.北京：中国建筑工业出版社，1998

[29] 杨鸿勋.宫殿考古通论.北京：紫禁城出版社，2001

[30] 中国社会科学院考古研究所编著.汉长安未央宫.北京：中国大百科全书出版社，1996

[31] 郭黛姮.乾隆御品圆明园.杭州：浙江古籍出版社，2007

[32] 郭黛姮主编.远逝的辉煌：圆明园建筑园林研究与保护.上海：上海科学技术出版社，2009

[33] 郭黛姮，贺艳著.圆明园的"记忆遗产"——样式房图档.杭州：浙江古籍出版社，2010

[34] 圆明园管理处编.圆明园百景图志.北京：中国大百科全书出版社，2010

[35] 天津大学建筑系，承德市文物局编著.承德古建筑.北京：中国建筑工业出版社，1982

[36] 罗哲文.中国帝王苑囿.北京：知识产权出版社，2002

[37] 方晓风.清代北京宫廷宗教建筑研究.清华大学博士学位论文，2002

[38] 故宫博物院编.清代宫廷绘画.北京：文物出版社，2001

[39] 孙待林，苏禄烜编著.古莲花池图.石家庄：河北美术出版社，2001

[40] 中国建筑工业出版社，光复书局企业股份有限公司编.中国古建筑大

系·第3卷·皇家苑囿建筑. 北京：中国建筑工业出版社，1993

[41] 周维权，楼庆西主编. 中国建筑艺术全集·第17卷·皇家园林. 北京：中国建筑工业出版社，1999

[42] 何重义，曾昭奋. 圆明园与北京西郊园林水系. 中国圆明园学会筹备委员会编. 圆明园. 第1集. 北京：中国建筑工业出版社，1981

[43] 杨鸿勋. 略论圆明园中标题园的变体创作. 中国圆明园学会筹备委员会编. 圆明园. 第1集. 北京：中国建筑工业出版社，1981

[44] 孔俊婷，王其亨. 漪碧涵虚，天人合一——保定古莲花池创作意象解读. 中国园林，2005（12）：69~72

[45] 曹汛. 沧海遗珠——涿州行宫及其假山. 建筑师，2007（6）

[46] 方晓风. 圆明园宗教建筑研究. 故宫博物院院刊，2002（2）

[47] 徐伯安. 颐和园后湖"苏州街"重建工程规划、建筑设计研究及实践. 建筑史论文集. 第17辑. 北京：清华大学出版社，2003

[48] 北京市文物研究所圆明园考古队. 北京圆明园含经堂遗址2001-2002年度发掘简报. 考古，2004（2）

后 记

　　从1998年以来，笔者一直在清华大学学习和工作。清华校园原为清代康熙年间诚亲王胤祉的西郊赐园，后来一度被朝廷收回，改作皇家园林，与圆明园遗址仅一路之隔，距离颐和园、静明园和静宜园也不算远。大概出于近水楼台之便，笔者这些年来也和皇家园林结下了深厚的缘分，做过一些粗浅的研究工作，在此基础上得以执笔完成了这部关于中国皇家园林的小书，希望能够用不大的篇幅和相对浅显的文字，向读者系统介绍皇家园林的历史源流、现存实例、造园手法和文化主题。囿于个人学术水平和时间、精力的限制，书中必然存在很多谬误，希望能得到广大读者的指正。

　　本书在研究过程中得到国家自然科学基金（项目批准号51278264）的资助，出版过程中得到华润雪花啤酒公司专项资金的资助，特此致谢。

　　本书的撰写得到一些前辈学者和年轻同行相关论著的启发和指引，具体书目已经列入参考文献。同时在写作过程中得到清华大学建筑学院郭黛姮教授、楼庆西教授、王贵祥教授以及华润雪花啤酒公司总经理王群先生、涿州市文物管理所杨卫东所长、保定市文物局邵晨光先生的帮助和指点，清华大学建筑学院博士研究生黄晓同学协助搜集和绘制了部分插图，故宫博物院赵鹏先生提供数幅慈宁宫照片，为本书增色不少，在此一并致以深深的谢意。

贾　珺

2012年6月16日于清华园

图片目录

图1-8-5	清人绘《避暑山庄图》	清华大学建筑学院提供
图1-8-6	西方版画中的圆明园正大光明殿	引自《京华遗韵》
图1-8-7	乾隆帝古装行乐图	引自《清代宫廷绘画》
图1-8-8	清代西苑旧景	清华大学建筑学院提供
图1-8-9	清代董邦达绘《静宜园全图》	引自Yuanming Yuan
图1-8-10	北京西北郊清代皇家园林分布示意图	贾珺绘制
图1-8-11	清代南苑平面图	引自《北京历史地图集》
图1-8-12	清人绘《盘山图》	清华大学建筑学院提供
图1-8-13	清代允禧绘《盘山十六景图册·静寄山庄》	清华大学建筑学院提供
图1-8-14	清人绘《保定莲池行宫图》	引自《古莲花池图》
图1-8-15	清人绘《颐和园图》	清华大学建筑学院提供

第二章　　　　中国皇家园林名园赏析

第一节	大内御苑	

北京紫禁城御苑

图2-1A-1	紫禁城内廷御苑分布示意图	引自《清代内廷宫苑》
图2-1A-2	紫禁城御花园平面图	引自《清代内廷宫苑》
图2-1A-3	溥仪在天一门前留影	引自《故宫珍藏人物照片荟萃》
图2-1A-4	钦安殿	贾珺摄
图2-1A-5	焚帛炉	贾珺摄
图2-1A-6	绛雪轩	黄晓摄
图2-1A-7	万春亭	引自《紫禁城宫殿》
图2-1A-8	浮碧亭	引自《北京的世界文化遗产》
图2-1A-9	摛藻堂	赵鹏摄
图2-1A-10	堆秀山御景亭	贾珺摄
图2-1A-11	养性斋与假山	引自《中国建筑艺术全集·第17卷·皇家园林》
图2-1A-12	鹿囿石台	贾珺摄
图2-1A-13	千秋亭	引自《帝京旧影》
图2-1A-14	澄瑞亭	贾珺摄
图2-1A-15	漱芳斋庭院	引自《紫禁城宫殿》
图2-1A-16	延晖阁	贾珺摄

图2-1A-49	碧螺亭	贾珺摄
图2-1A-50	倦勤斋	贾珺摄
图2-1A-51	宁寿宫花园庭石	贾珺摄
北京西苑三海		
图2-1B-1	清代西苑三海总平面图	黄晓绘
图2-1B-2	南海瀛台旧照	引自《燕京胜迹》
图2-1B-3	南海瀛台石桥	引自《帝京旧影》
图2-1B-4	南海翔鸾阁	引自YuanmingYuan
图2-1B-5	南海涵元殿	引自《中国古建筑大系·第3卷·皇家苑囿建筑》
图2-1B-6	南海香扆殿	引自《帝京旧影》
图2-1B-7	南海迎薰亭	引自《帝京旧影》
图2-1B-8	南海瀛台殿宇内景	引自《燕京胜迹》
图2-1B-9	南海牣鱼亭	引自《中国古建筑大系·第3卷·皇家苑囿建筑》
图2-1B-10	南海纯一斋	引自《帝京旧影》
图2-1B-11	南海静谷	引自《中国古建筑大系·第3卷·皇家苑囿建筑》
图2-1B-12	南海爱翠楼	引自《中国帝王苑囿》
图2-1B-13	南海云绘楼	引自《帝京旧影》
图2-1B-14	南海流水音	引自《帝京旧影》
图2-1B-15	新华门旧照	引自老北京网
图2-1B-16	中海东岸旧景	引自《帝京旧影》
图2-1B-17	中海水云榭	引自《帝京旧影》
图2-1B-18	中海万善殿	引自《帝京旧影》
图2-1B-19	中海紫光阁	引自《帝京旧影》
图2-1B-20	清代宫廷绘画《紫光阁大蒙古包赐宴图》	引自《清代宫廷绘画》
图2-1B-21	中海海晏堂旧照	引自YuanmingYuan
图2-1B-22	西洋画家笔下的北海琼华岛	引自《京华遗韵：西方版画中的明清老北京》
图2-1B-23	清人绘《北海冰嬉图》	引自Yuanming Yuan
图2-1B-24	金鳌玉蝀桥旧照	引自《帝京旧影》

图2-1B-56	极乐世界大殿	贾珺摄
图2-1B-57	极乐世界大殿内泥塑	贾珺摄
图2-1B-58	极乐世界南侧牌坊与石桥	贾珺摄
图2-1B-59	阐福寺山门	贾珺摄
图2-1B-60	阐福寺天王殿	清华大学建筑学院提供
图2-1B-61	阐福寺万佛楼	引自《帝京旧影》
图2-1B-62	北海五龙亭	贾珺摄
图2-1B-63	琼华岛岸边牌坊	贾珺摄
北京景山		
图2-1C-1	景山总平面图	黄晓绘制
图2-1C-2	景山西部旧影	引自《帝京旧影》
图2-1C-3	景山绮望楼	贾珺摄
图2-1C-4	景山五亭全景	引自《中国建筑艺术全集·第1卷·宫殿建筑》
图2-1C-5	景山万春亭旧照	赫达·莫里逊摄，引自ailishi.com
图2-1C-6	登万春亭南瞰紫禁城	贾珺摄
图2-1C-7	辑芳亭	贾珺摄
图2-1C-8	周赏亭	引自www.panoramio.com
图2-1C-9	景山富览亭佛像基座	贾珺摄
图2-1C-10	景山白皮松	贾珺摄
图2-1C-11	明思宗殉国处纪念碑	贾珺摄
图2-1C-12	观德殿院落前门	贾珺摄
图2-1C-13	寿皇殿建筑群门前牌坊	贾珺摄
图2-1C-14	寿皇殿鸟瞰	清华大学建筑学院提供
图2-1C-15	远望景山	引自《燕京胜迹》
第二节	离宫御苑	
承德避暑山庄		
图2-2A-1	清代《热河行宫全图》	引自《中国古代地图集·清代卷》
图2-2A-2	避暑山庄总平面图	黄晓绘制
图2-2A-3	清代宫廷画家冷枚绘《避暑山庄全图》	引自《清代宫廷绘画》

中国皇家园林

图2-2A-4	避暑山庄丽正门	贾珺摄
图2-2A-5	避暑山庄午门	贾珺摄
图2-2A-6	避暑山庄宫门	贾珺摄
图2-2A-7	澹泊敬诚殿	贾珺摄
图2-2A-8	依清旷殿	贾珺摄
图2-2A-9	十九间殿（万岁照房）	贾珺摄
图2-2A-10	烟波致爽殿	贾珺摄
图2-2A-11	云山胜地楼	贾珺摄
图2-2A-12	岫云门	贾珺摄
图2-2A-13	松鹤斋图	引自《钦定热河志》
图2-2A-14	松鹤斋宫门	贾珺摄
图2-2A-15	松鹤斋后罩殿	贾珺摄
图2-2A-16	继德堂	贾珺摄
图2-2A-17	畅远楼	贾珺摄
图2-2A-18	松鹤斋北侧垂花门	贾珺摄
图2-2A-19	东宫清音阁旧照	引自《盛京风物》
图2-2A-20	东宫遗址现状	贾珺摄
图2-2A-21	万壑松风	贾珺摄
图2-2A-22	避暑山庄湖泊区鸟瞰	清华大学建筑学院提供
图2-2A-23	避暑山庄湖泊区平望	贾珺摄
图2-2A-24	如意洲	贾珺摄
图2-2A-25	无暑清凉门殿	贾珺摄
图2-2A-26	延熏山馆殿	贾珺摄
图2-2A-27	水芳岩秀殿	贾珺摄
图2-2A-28	水芳岩秀殿内陈设	贾珺摄
图2-2A-29	浮片玉戏台	贾珺摄
图2-2A-30	法林寺正殿般若相	贾珺摄
图2-2A-31	如意洲清晖亭	贾珺摄
图2-2A-32	水心榭	贾珺摄
图2-2A-33	文园狮子林横碧堂与虹桥	贾珺摄
图2-2A-34	金山岛	贾珺摄
图2-2A-35	天宇咸畅阁	贾珺摄

图2-2A-36	芝径云堤	黄晓摄
图2-2A-37	采菱渡	贾珺摄
图2-2A-38	月色江声	贾珺摄
图2-2A-39	青莲岛南侧景象	贾珺摄
图2-2A-40	烟雨楼	贾珺摄
图2-2A-41	珠源寺	引自《盛京风物》
图2-2A-42	龙王庙	贾珺摄
图2-2A-43	文津阁	贾珺摄
图2-2A-44	曲水荷香	贾珺摄
图2-2A-45	万树园	贾珺摄
图2-2A-46	莆田丛樾	贾珺摄
图2-2A-47	濠濮间想	贾珺摄
图2-2A-48	水流云在	贾珺摄
图2-2A-49	清代宫廷绘画《万树园赐宴图》	清华大学建筑学院提供
图2-2A-50	乾隆帝在万树园接见英国使团	引自《京华遗韵》
图2-2A-51	英使在大蒙古包内谒见乾隆帝	引自《帝国掠影》
图2-2A-52	永佑寺外景	贾珺摄
图2-2A-53	永佑寺舍利塔	贾珺摄
图2-2A-54	从平原区远眺山岳区	贾珺摄
图2-2A-55	避暑山庄山岳区林木景象	引自《承德古建筑》
图2-2A-56	普宁寺	贾珺摄
图2-2A-57	普陀宗乘之庙	贾珺摄
图2-2A-58	普乐寺旭日阁	贾珺摄
北京圆明三园		
图2-2B-1	圆明三园总平面图	贾珺绘制
图2-2B-2	正大光明殿	引自法国国家图书馆藏《圆明园四十景图》
图2-2B-3	勤政亲贤	引自法国国家图书馆藏Garden of Perfect Brightness
图2-2B-4	咸丰年间圆明园勤政殿平面图	根据样式雷图重新绘制

图2-2B-5	九洲清晏	引自法国国家图书馆藏《圆明园四十景图》
图2-2B-6	道光十一年（1831年）圆明园九洲清晏平面图	根据样式雷图重新绘制
图2-2B-7	九洲清晏东路建筑立样图	引自清华大学建筑学院藏样式雷图
图2-2B-8	咸丰七年（1857年）圆明园慎德堂内檐装修平面图	根据样式雷图重新绘制
图2-2B-9	长春仙馆	引自法国国家图书馆藏《圆明园四十景图》
图2-2B-10	镂月开云	引自Yuanming Yuan
图2-2B-11	天然图画	引自法国国家图书馆藏《圆明园四十景图》
图2-2B-12	碧桐书院	引自法国国家图书馆藏《圆明园四十景图》
图2-2B-13	慈云普护	引自法国国家图书馆藏《圆明园四十景图》
图2-2B-14	上下天光	引自法国国家图书馆藏《圆明园四十景图》
图2-2B-15	杏花春馆	引自法国国家图书馆藏《圆明园四十景图》
图2-2B-16	坦坦荡荡	引自法国国家图书馆藏《圆明园四十景图》
图2-2B-17	坦坦荡荡金鱼池遗址	贾珺摄
图2-2B-18	清代张若霭绘圆明园茹古涵今景象	引自老北京网
图2-2B-19	洞天深处	引自法国国家图书馆藏《圆明园四十景图》
图2-2B-20	山高水长	引自法国国家图书馆藏《圆明园四十景图》
图2-2B-21	道光年间圆明园山高水长大蒙古包平面图	根据样式雷图重新绘制
图2-2B-22	山高水长景区娱乐表演景象	引自《京华遗韵》
图2-2B-23	万方安和	引自法国国家图书馆藏《圆明园四十景图》
图2-2B-24	武陵春色	引自法国国家图书馆藏《圆明园四十景图》

图2-2B-25	月地云居	引自法国国家图书馆藏《圆明园四十景图》
图2-2B-26	鸿慈永祜	引自法国国家图书馆藏《圆明园四十景图》
图2-2B-27	汇芳书院	引自法国国家图书馆藏《圆明园四十景图》
图2-2B-28	多稼如云	引自法国国家图书馆藏《圆明园四十景图》
图2-2B-29	日天琳宇	引自法国国家图书馆藏《圆明园四十景图》
图2-2B-30	濂溪乐处旧照	引自老北京网
图2-2B-31	澹泊宁静	引自法国国家图书馆藏《圆明园四十景图》
图2-2B-32	水木明瑟	引自法国国家图书馆藏《圆明园四十景图》
图2-2B-33	文渊阁立样图	引自中国国家图书馆藏样式雷图
图2-2B-34	曲院风荷	引自法国国家图书馆藏《圆明园四十景图》
图2-2B-35	坐石临流	引自法国国家图书馆藏《圆明园四十景图》
图2-2B-36	兰亭八柱	贾珺摄
图2-2B-37	西峰秀色	引自法国国家图书馆藏《圆明园四十景图》
图2-2B-38	紫碧山房遗址	贾珺摄
图2-2B-39	鱼跃鸢飞	引自法国国家图书馆藏《圆明园四十景图》
图2-2B-40	北远山村	引自法国国家图书馆藏《圆明园四十景图》
图2-2B-41	蓬岛瑶台	引自法国国家图书馆藏《圆明园四十景图》
图2-2B-42	平湖秋月	引自法国国家图书馆藏《圆明园四十景图》
图2-2B-43	两峰插云亭旧照	引自老北京网
图2-2B-44	涵虚朗鉴	引自法国国家图书馆藏《圆明园四十景图》

图2-2B-45	接秀山房	引自法国国家图书馆藏《圆明园四十景图》
图2-2B-46	别有洞天	引自法国国家图书馆藏《圆明园四十景图》
图2-2B-47	别有洞天石舫基座	贾珺摄
图2-2B-48	夹镜鸣琴	引自法国国家图书馆藏《圆明园四十景图》
图2-2B-49	澡身浴德	引自法国国家图书馆藏《圆明园四十景图》
图2-2B-50	廓然大公	引自法国国家图书馆藏《圆明园四十景图》
图2-2B-51	廓然大公烫样	引自老北京网
图2-2B-52	方壶胜境	引自法国国家图书馆藏《圆明园四十景图》
图2-2B-53	四宜书屋	引自法国国家图书馆藏《圆明园四十景图》
图2-2B-54	含经堂遗址平面图	引自《北京圆明园含经堂遗址2001-2002年度发掘简报》
图2-2B-55	含经堂遗址现状	贾珺摄
图2-2B-56	长春园小有天园叠石遗址	贾珺摄
图2-2B-57	长春园狮子林平面图	根据样式雷图重新绘制
图2-2B-58	长春园狮子林遗址	贾珺摄
图2-2B-59	华宜玉绘长春园狮子林景致	引自《圆明园园林艺术》
图2-2B-60	华宜玉绘长春园如园景致	引自《圆明园园林艺术》
图2-2B-61	长春园西洋楼建筑群平面图	刘辉绘制
图2-2B-62	谐奇趣遗址	贾珺摄
图2-2B-63	谐奇趣北面铜版画	清华大学建筑学院提供
图2-2B-64	谐奇趣南面铜版画	清华大学建筑学院提供
图2-2B-65	黄花阵铜版画	清华大学建筑学院提供
图2-2B-66	养雀笼铜版画	清华大学建筑学院提供
图2-2B-67	方外观铜版画	清华大学建筑学院提供
图2-2B-68	五座竹亭铜版画	清华大学建筑学院提供
图2-2B-69	海晏堂西面铜版画	清华大学建筑学院提供

图2-2B-70	海晏堂南面铜版画	清华大学建筑学院提供
图2-2B-71	海晏堂北面铜版画	清华大学建筑学院提供
图2-2B-72	海晏堂东面铜版画	清华大学建筑学院提供
图2-2B-73	海晏堂蓄水楼遗址	贾珺摄
图2-2B-74	海晏堂十二生肖兽首之猪首	引自www.nipic.com
图2-2B-75	观水法铜版画	清华大学建筑学院提供
图2-2B-76	观水法遗址	贾珺摄
图2-2B-77	大水法铜版画	清华大学建筑学院提供
图2-2B-78	远瀛观铜版画	清华大学建筑学院提供
图2-2B-79	大水法与远瀛观遗址	贾珺摄
图2-2B-80	线法山东门铜版画	清华大学建筑学院提供
图2-2B-81	方河遗址	贾珺摄
图2-2B-82	线法画铜版画	清华大学建筑学院提供
图2-2B-83	复建的绮春园大宫门	清华大学建筑学院提供
图2-2B-84	敷春堂平面图	贾珺绘制
图2-2B-85	复建的鉴碧亭	贾珺摄
图2-2B-86	绮春园石拱桥遗址	贾珺摄
图2-2B-87	清夏斋平面图	贾珺绘制
图2-2B-88	绮春园河道遗址	贾珺摄
图2-2B-89	绮春园假山遗址	贾珺摄
图2-2B-90	正觉寺山门	贾珺摄
图2-2B-91	正觉寺文殊亭	贾珺摄
图2-2B-92	复建后的正觉寺重檐大殿北立面	贾珺摄
图2-2B-93	复建后的正觉寺最上楼	贾珺摄
北京颐和园		
图2-2C-1	乾隆年间清漪园总平面图	黄晓绘制
图2-2C-2	光绪年间颐和园总平面图	黄晓绘制
图2-2C-3	颐和园分区示意图	黄晓绘制
图2-2C-4	颐和园旧照	引自《燕京胜迹》
图2-2C-5	颐和园宫廷区鸟瞰	楼庆西摄
图2-2C-6	颐和园宫廷区平面图	引自《颐和园》

中国皇家园林

图2-2C-39	佛香阁底层千手观音铜像	贾珺摄
图2-2C-40	转轮藏庭院	楼庆西摄
图2-2C-41	宝云阁	楼庆西摄
图2-2C-42	众香界	贾珺摄
图2-2C-43	众香界智慧海	楼庆西摄
图2-2C-44	智慧海侧面	贾珺摄
图2-2C-45	景福阁	楼庆西摄
图2-2C-46	邵窝样式雷图样	引自《颐和园》
图2-2C-47	画中游建筑群立面图	引自《颐和园》
图2-2C-48	画中游楼阁侧面	楼庆西摄
图2-2C-49	画中游西南方向框景	贾珺摄
图2-2C-50	画中游西望玉泉山	贾珺摄
图2-2C-51	画中游近观山石小亭	贾珺摄
图2-2C-52	听鹂馆庭院景致亭	贾珺摄
图2-2C-53	听鹂馆戏楼鸟瞰	楼庆西摄
图2-2C-54	清晏舫	贾珺摄
图2-2C-55	颐和园前湖景区鸟瞰	楼庆西摄
图2-2C-56	昆明湖晨光	楼庆西摄
图2-2C-57	昆明湖暮色	楼庆西摄
图2-2C-58	昆明湖晴光	楼庆西摄
图2-2C-59	昆明湖雨色	楼庆西摄
图2-2C-60	颐和园西堤风光	楼庆西摄
图2-2C-61	柳桥	楼庆西摄
图2-2C-62	镜桥	楼庆西摄
图2-2C-63	玉带桥	楼庆西摄
图2-2C-64	豳风桥	贾珺摄
图2-2C-65	界湖桥	贾珺摄
图2-2C-66	十七孔桥	楼庆西摄
图2-2C-67	十七孔桥桥头石狮	楼庆西摄
图2-2C-68	廓如亭	楼庆西摄
图2-2C-69	南湖岛侧影	楼庆西摄

图2-2C-99	花承阁七宝琉璃塔	楼庆西摄
图2-2C-100	光绪年间谐趣园平面图	引自《颐和园》
图2-2C-101	谐趣园鸟瞰	楼庆西摄
图2-2C-102	谐趣园水池西岸澄爽斋	楼庆西摄
图2-2C-103	谐趣园水池东南岸洗秋与饮绿	楼庆西摄
图2-2C-104	知鱼桥	楼庆西摄
图2-2C-105	涵远堂	贾珺摄
图2-2C-106	谐趣园水池东北岸兰亭与知春堂	楼庆西摄
图2-2C-107	谐趣园假山与寻诗径	楼庆西摄
图2-2C-108	霁清轩景色	楼庆西摄
第三节	行宫御苑	
北京静宜园		
图2-3A-1	静宜园总平面图	黄晓绘制
图2-3A-2	清代张若霭绘《静宜园二十八景图》	引自《清代宫廷绘画》
图2-3A-3	静宜园勤政殿遗址	引自《帝京旧影》
图2-3A-4	重建后的静宜园勤政殿	贾珺摄
图2-3A-5	璎珞岩清音亭	贾珺摄
图2-3A-6	重建后的翠微亭	引自www.photofans.cn
图2-3A-7	蟾蜍峰	贾珺摄
图2-3A-8	重建后的欢喜园	贾珺摄
图2-3A-9	山岩上的双清题刻	贾珺摄
图2-3A-10	松坞云庄栖云楼遗址	贾珺摄
图2-3A-11	香山寺前部遗址	贾珺摄
图2-3A-12	香山寺后部花园遗址	贾珺摄
图2-3A-13	香山寺石屏	贾珺摄
图2-3A-14	重建后的玉华岫溢芳轩	贾珺摄
图2-3A-15	昭庙琉璃牌坊	贾珺摄
图2-3A-16	昭庙建筑群遗址鸟瞰	贾珺摄
图2-3A-17	昭庙七层琉璃塔	贾珺摄
图2-3A-18	静心斋平面示意图	贾珺摄
图2-3A-19	见心斋正堂	贾珺摄

图2-3A-20	见心斋后山叠石	贾珺摄
北京静明园		
图2-3B-1	静明园总平面图	黄晓绘制
图2-3B-2	玉泉山山影	楼庆西摄
图2-3B-3	玉峰塔与山脚下的石牌坊	引自Yuanming Yuan
图2-3B-4	北峰妙高寺鸟瞰	引自《旧都文物略》
图2-3B-5	北峰妙高塔仰视	引自hi.baidu.com
图2-3B-6	湖畔六角亭	引自《旧都文物略》
图2-3B-7	东岳庙仁育宫	引自《帝京旧影》
图2-3B-8	圣缘寺琉璃塔	引自《燕京胜迹》
图2-3B-9	静明园溪田耕课	引自老北京网
图2-3B-10	华藏塔	引自《燕京胜迹》
图2-3B-11	静明园石拱桥与溪流	引自Yuanming Yuan
图2-3B-12	玉泉山石刻	引自《帝京旧影》
保定莲池行宫		
图2-3C-1	光绪初年《古莲花池全景图》	引自《古莲花池图》
图2-3C-2	光绪晚期《莲池行宫图》局部	引自《古莲花池图》
图2-3C-3	莲池行宫现状平面图	贾珺绘制
图2-3C-4	春午坡图	引自《古莲花池图》
图2-3C-5	濯锦亭	贾珺摄
图2-3C-6	水东楼	贾珺摄
图2-3C-7	篇留洞与观澜亭	贾珺摄
图2-3C-8	三孔石桥	贾珺摄
图2-3C-9	红枣坡	贾珺摄
图2-3C-10	藻泳楼	贾珺摄
图2-3C-11	蕊幢精舍图	引自《古莲花池图》
图2-3C-12	君子长生馆	贾珺摄
图2-3C-13	响琴榭	贾珺摄
图2-3C-14	高芬阁	贾珺摄
图2-3C-15	宛虹亭	贾珺摄

图2-3C-16	万卷楼图	引自《古莲花池图》
图2-3C-17	莲池边古树	贾珺摄

涿州行宫

图2-3D-1	涿州行宫正殿现状	贾珺摄
图2-3D-2	乾隆时期《涿州行宫全图》	引自《涿州志》
图2-3D-3	曹汛绘涿州行宫假山速写	引自《沧海遗珠——涿州行宫及其假山》
图2-3D-4	涿州行宫假山山径	贾珺摄
图2-3D-5	涿州行宫假山南立面	贾珺摄
图2-3D-6	涿州行宫假山北立面	贾珺摄

第三章	中国皇家园林造园手法	
第一节	**布局**	
图3-1-1	清代四座离宫御苑宫廷区示意图	贾珺绘制
第二节	**建筑**	
图3-2-1	秦代宫苑高台建筑形象	引自《中国古代建筑》
图3-2-2	唐代皇家墓葬壁画中的阙楼形象	清华大学建筑学院提供
图3-2-3	元代王振鹏绘《龙池竞渡图》中的园林楼阁	引自《故宫藏画精选》第1册
图3-2-4	傅熹年绘大明宫含元殿室内复原图	引自《古建腾辉——傅熹年建筑画选》
图3-2-5	西方人绘圆明园正大光明殿	引自《清帝国图记》
图3-2-6	颐和园佛香阁	贾珺摄
图3-2-7	清漪园文昌阁旧照	引自老北京网
图3-2-8	颐和园山色湖光共一楼	贾珺摄
图3-2-9	颐和园湖山真意楼	楼庆西摄
图3-2-10	避暑山庄文津阁	贾珺摄
图3-2-11	西苑中海重檐圆亭	引自《帝京旧影》
图3-2-12	圆明园廓然大公方亭	引自法国国家图书馆藏《圆明园四十景图》

图3-4-7	西苑北海烟云尽态方池	贾珺摄
图3-4-8	保定行宫古莲池	贾珺摄
图3-4-9	颐和园谐趣园水池入水口	贾珺摄
图3-4-10	长春园狮子林溪流与水门遗址	贾珺摄
第五节	花木	
图3-5-1	圆明园镂月开云景区中的牡丹	引自法国国家图书馆藏《圆明园四十景图》
图3-5-2	圆明园天然图画景区中的竹林	引自法国国家图书馆藏《圆明园四十景图》
图3-5-3	圆明园碧桐书院景区中的梧桐	引自法国国家图书馆藏《圆明园四十景图》
图3-5-4	圆明园杏花春馆景区中的杏树	引自法国国家图书馆藏《圆明园四十景图》
图3-5-5	圆明园濂溪乐处景区中的荷花	引自法国国家图书馆藏《圆明园四十景图》
图3-5-6	颐和园谐趣园柳树与荷花	贾珺摄
图3-5-7	颐和园昆明湖西岸桑树	贾珺摄
图3-5-8	颐和园前山柏树	楼庆西摄
图3-5-9	颐和园后山油松	楼庆西摄
图3-5-10	颐和园后山秋叶景致	楼庆西摄
图3-5-11	颐和园乐寿堂前海棠花	楼庆西摄
图3-5-12	颐和园邀月门前玉兰花	楼庆西摄
图3-5-13	避暑山庄平原区林木	贾珺摄
第四章	**中国皇家园林文化主题**	
第一节	治世安邦	
图4-1-1	颐和园帝后寝宫匾额与彩画比较	贾珺摄
图4-1-2	圆明园勤政亲贤	引自法国国家图书馆藏《圆明园四十景图》
图4-1-3	圆明园"卐"字房样式雷烫样（建筑模型）	引自《清史图典·咸丰同治朝》

中国皇家园林

图4-4-2	紫禁城御花园香炉	贾珺摄
图4-4-3	西苑北海永安寺	贾珺摄
图4-4-4	西苑北海西天梵境钟楼	贾珺摄
图4-4-5	圆明园安佑宫大殿	引自法国国家图书馆藏《圆明园四十景图》
图4-4-6	圆明园月地云居佛寺建筑群	引自法国国家图书馆藏《圆明园四十景图》
图4-4-7	圆明园涵虚朗鉴北侧龙王庙	引自法国国家图书馆藏《圆明园四十景图》
图4-4-8	圆明园广育宫	引自法国国家图书馆藏《圆明园四十景图》
图4-4-9	圆明园杏花春馆土地祠	引自法国国家图书馆藏《圆明园四十景图》
图4-4-10	圆明园瑞应宫	引自法国国家图书馆藏《圆明园四十景图》
图4-4-11	乾隆年间清漪园大报恩延寿寺景象	引自老北京网
图4-4-12	清漪园转轮藏立面图	引自《颐和园》
图4-4-13	颐和园须弥灵境现状鸟瞰	楼庆西摄
图4-4-14	静明园琉璃塔旧照	引自Yuanming Yuan
第五节	写仿天下	
图4-5-1	颐和园谐趣园与无锡寄畅园	清华大学建筑学院提供
图4-5-2	避暑山庄文园狮子林图与苏州狮子林图	清华大学建筑学院提供
图4-5-3	避暑山庄文津阁与宁波天一阁	清华大学建筑学院提供
图4-5-4	圆明园坐石临流图与绍兴兰亭图	清华大学建筑学院提供
图4-5-5	圆明园三潭印月遗址与杭州西湖三潭印月	清华大学建筑学院提供
图4-5-6	圆明园曲院风荷图与杭州西湖曲院风荷图	清华大学建筑学院提供
图4-5-7	圆明园两峰插云亭图	引自Yuanming Yuan
图4-5-8	圆明园廓然大公假山遗址与无锡寄畅园假山	贾珺摄
图4-5-9	清漪园须弥灵境复原图与西藏桑耶寺	清华大学建筑学院提供
图4-5-10	清漪园与杭州西湖平面图	引自《颐和园》
图4-5-11	避暑山庄小金山与镇江金山寺景致	清华大学建筑学院提供